Gudrun Weerasinghe

Seelenbilder unserer Tiere

Anleitung zum Deuten der Aura

© copyright   2. Auflage 2010
G. Reichel Verlag
Reifenberg 85
91365 Weilersbach
Germany
Tel: 09194-8900, Fax: 09194-4262

e-mail: info@reichel-verlag.de

www.reichel-verlag.de

ISBN 978-3-926388-66-7

Inhaltsverzeichnis

Vorwort

Durch dieses Buch möchte ich Ihnen vermitteln, wie Sie die Aura Ihres Tieres wahrnehmen. In meinem letzten Buch befasste ich mich mit der Tierkommunikation, der telepathischen Verständigung mit Tieren. Das Sehen der Tieraura ist für mich kaum von der Tierkommunikation zu trennen, kann die Aura das vom Tier Übermittelte doch oft unterstützten und verifizieren.

Auch wenn Sie noch nicht in der Lage sein sollten, mentale Dialoge mit Tieren zu führen, dient das Lesen und Deuten der Aura als eine Möglichkeit, sich zumindest einseitig mit dem Tier zu verständigen, auf seine Wünsche einzugehen oder Missstände in seinem Leben abzubauen.

Das Auralesen soll zu einem Weg der Harmonie, des Wohlbefindens, der Einfühlung und zu einer Möglichkeit der Heilung und des gegenseitigen Respekts und Verständnisses, also einer erhöhten Lebensqualität zwischen Mensch und Tier führen. Gerade daran mangelt es in unserer heutigen Zeit sehr. Einerseits werden vereinzelt Haustiere zu ihrem Leidwesen überkandidelt vermenschlicht, andererseits werden bestimmte Tiergruppen in ungeheurem Maße ausgebeutet, misshandelt, gefoltert und in Massen getötet zum angeblichen Wohl des Menschen oder wiederum deren Tiere.

Ich beziehe mich nachfolgend zwar hauptsächlich auf die in unseren Haushalten lebenden Tiere wie zum Beispiel Hunde, Katzen, Pferde, Zwergkaninchen, Fische und Vögel, schildere und erläutere jedoch zeitkritisch marginal ebenfalls die Auren unserer Last - und Schlachttiere sowie die Umstände, die zu deren entsprechenden Farben und Formen führen.

Ein Buch über die Auren der Tiere kann nicht umhin, während des Deutens ihrer Energiefelder unter anderem auch einmal anklagend über das Leiden der Tiere zu berichten. In unserer heutigen Zeit im Zuge der europaweiten Tiertodestransporte, der Tierversuche, der tierverachtenden Modetrends, der Philosophie unserer Konsum– und Wegwerfgesellschaft und der hochtechnisierten Zucht– und Fleischfabriken hat sich das Leben und das Leiden der Tiere um ein Vielfaches gesteigert, im Gegensatz zum Leben der Tiere in früheren Jahrhunderten in unseren Breitengraden.

Mit diesem Buch verfolge ich also nicht nur das Ziel, dass der Leser die Aura seines Tieres zu seinem eigenen Wohl und dem des Tieres interpretieren lernt. Ich hege ferner noch die Hoffnung, dass je mehr Menschen diese immanent in ihnen schlummernde Fähigkeit des Aurasehens erwecken, nicht nur vermehrt unsere Haustiere, sondern auch sogenannte Nutztiere von ihren Leiden durch uns Menschen befreit werden.

Das Wohl des Tieres hängt nun einmal vom Wohlwollen des Menschen ab. Es ist zwar ästhetisch und erholsam eine „schöne" Aura eines glücklichen Tieres zu betrachten und es scheint gleichwohl interessant diese zu deuten, aber sinnvoll ist es zudem, sich mit einer weniger „makellosen" Aura auseinander zu setzen, um einem unglücklichen Tier zu einem besseren Leben zu verhelfen. Dazu sollte die Fähigkeit des Auralesens auch dienen.

Im Nachfolgenden versuche ich dem Leser die Unterschiede innerhalb einzelner Tiergloriolen unterschiedlicher Rassen aufzuzeigen und diese zu deuten. Dabei weise ich auch auf die Ungleichheiten zwischen der tierlichen[*] und der menschlichen Aura hin. Natürlich zeigen sich in der Tieraura im Gegensatz zur Aura des Menschen zuweilen eklatante Unterschiede auf, die ich immer wieder innerhalb der einzelnen Kapitel erklärend und erläuternd einflechte.

Lernen Sie anhand der beschriebenen Farbbedeutungen und der nachfolgenden Übungen die Aura aller möglichen Tierarten nicht nur visuell wahrzunehmen, sondern diese auch zu interpretieren und Ihrem eigenen Tier mit wohltuenden Aurabehandlungen Freude zu verschaffen. Sollte es unter psychischen und physischen Schwachstellen, die seine Aura anzeigt, leiden, so lernen Sie anhand von Tieraurabehand-

---

[*] Fußnote: Den Ausdruck "tierisch" lehne ich, weil er negativ besetzt ist, ab. Wir benutzen auch nicht den Ausdruck „menschisch", sondern „menschlich"

lungen medizinische Hilfe zu unterstützen und das Unwohlsein Ihres Tieres zu mindern.

Dieses Buch zeigt Ihnen, wie Sie über das Sehen und das Deuten der Tieraura zu Ihrem eigenen Tier und anderen tierlichen Geschöpfen eine liebevollere, ausgewogenere, verständigere, sensiblere und erfülltere Beziehung finden.

Anhand der nun folgenden Ausführungen erfahren Sie, was die Aura unserer Tiere ausmacht, wie sie entsteht und wie sie im allgemeinen und zu bestimmten Gelegenheiten aussieht. Die Bildtafeln diverser Aureolen unterschiedlicher Geschöpfe unterstützen das Geschriebene.

Entsprechend sensibilisiert praktizieren Sie bitte die nachfolgenden Übungen in Ruhe und Entspannung. Ich kenne nicht einen gesunden Menschen, der nicht recht zügig nach dem Lesen des Buches in der Lage wäre, die Aura, zumindest aber den Ätherkörper, seines Tieres wahrzunehmen.

Sind Sie sich mit zunehmender Übung im Auralesen sicher geworden, sollten Sie regelmäßig die Aureole Ihres Tieres anschauen, um zu erfahren, wie es um Ihr Tier steht, wie sein Gesundheitszustand aussieht, wie es sich körperlich und psychisch fühlt und inwiefern es eventuell Ihrer verstärkten Liebe und Hilfe bedarf.

Einleitung

Die Aura ist ein elektromagnetisches Feld, das Menschen, Tiere, Pflanzen, und Mineralien umgibt. Dieses Energiefeld ist ein dynamisches Feld mit einem ein– und ausgehenden Energiestrom, der einer ein– und ausgehenden Bewegung gleicht, ähnlich der Atmung. Der Körper aller Lebewesen funktioniert dank dieses Energiestromes, der als strahlende Lebenskraft oder als das Magnetfeld gilt. Der Terminus "Aura" stammt aus dem Griechischen und bedeutet "Luft, Hauch".

In diesem Buch zeige ich gezielt die Aura einiger individueller Tiere unterschiedlicher Arten auf, die ich zu deuten versuche. Ich betone „versuche", weil es sich hierbei um keine wissenschaftliche Abhandlung handelt, sondern um eine Erfahrungswissenschaft. Dabei gehe ich von meinen eigenen jahrzehntelangen Erfahrungen aus, die ich im Laufe meines Lebens mit der Aureole von Tieren und Menschen sammelte. Während meiner Reinkarnations- und Channelingsitzungen mit Menschen und während der Tierkommunikationsitzungen sah ich viele unterschiedliche Farben und Formen des Energiefeldes. Ich deutete sie, um mich in die Schwingung des Hilfesuchenden einzufühlen und um somit leichter mit ihm arbeiten zu können. Durch unsere verbale, unvollkommene menschliche Sprache höre und spüre ich erst nach und nach, was man mir mitteilen möchte. Ich weiß jedoch nicht, ob der Sprechende, was er zum Ausdruck bringt, ehrlich meint. Durch das Auralesens erkenne ich, ob uns jemand aufrichtig zugetan ist, ob er etwas Liebevolles, Neidisches, Eifersüchtiges oder Intrigantes im Sinn hat, oder ob er in mich verliebt ist, Angst vor mir hat und mich bewundert oder ablehnt, - gleich was er mit Worten auch immer sagt. Anhand der Aura lese ich die Stärken und Schwächen eines anderen Geschöpfes.

Aufgrund der anschließenden Ergebnisse der Sitzungen und dessen, was mir der Mensch oder das Tier bestätigten, habe ich viel gelernt und Vergleiche zwischen den beiden Gattungen angestellt. Die Aura des Tieres und die der Menschen unterscheiden sich in sofern voneinander, als Tiere weniger verstandesbezogen handeln als Menschen, sondern vielmehr intuitiv und emotional. Ausnahmen bestätigen natürlich die Regel.

Das bedeutet, dass sich das Farbenspiel eines Tieres häufiger ändert und im Ganzen stärker sichtbar und eindeutiger erscheint. Auch wenn Tiere zum Beispiel starke Erschöpfungszustände aufweisen, sehe ich deren „matte" Aura dennoch leuchtender als die eines ausgepowerten Menschen. Außerdem sind Menschen - anders als Tiere - in der Lage, durch Denken, durch das Aufbringen reiner Wunschenergie, ganz bewusst ihre Aura zu verändern. Dadurch möchten sie andere aurasichtige Wesen entweder listig oder aus unehrlichen Motiven heraus täuschen. Vielleicht wollen sie sich auch manchmal „nicht in die Karten sehen lassen".

Infolge der menschlichen Eigenschaft, widersinnige Gedanken und die unterschiedlichsten, widersprüchlichsten vom Ego getragenen Gefühle miteinander zu verbinden, überlagern und vermischen sich Farben und Formen. So entsteht letztendlich ein entweder unruhiges, oder aber ein unklares Aurabild.

Tiere hingegen sind in dieser Hinsicht transparenter strukturiert, weil sie sich ehrlicher und „moralischer" verhalten. Welches Tier tötet und quält Hilflose und Wehrlose wie zum Beispiel Triebtäter. Welches Tier mordet aus der reinen Lust am Töten, um bestimmte Ehrungen in einer sozialen Gemeinschaft zu erfahren, aus Machthunger, um seine eventuell vorhandene sexuelle Impotenz zu kompensieren oder um sich sexuell zu stimulieren oder gar aus purer Langeweile?

Bei manchen Menschen, die Tötungen begehen, können mehrere dieser Faktoren gleichzeitig auftreten. Das heißt, dass sich bezüglich der Menschen unterschiedliche Interessen, Triebe und Ehrgeiz gemischt mit unmoralischer Handlungsweise und kriminellen Energien in der Aura deutlich und synchron zeigen.

Tiere verfügen jedoch über keinerlei kriminelle Energien. Sie verhalten sich a-moralisch und in unseren Augen unmoralisch, wenn sie unter menschlichem Druck stehen und zu Taten gezwungen werden, die sie von Natur aus nie ausführen würden. Ich denke dabei an die zwar nicht grundsätzlichen, dennoch oft grausamen, schmerzhaften, angsterzeugenden, tierverachtenden unterschiedlichen Hundeausbildungen zum Schutzhund, die in unserer Gesellschaft nach wie vor Gang und Gebe sind und die Würde der Tiere in keiner Weise achten, sondern unnatürlicherweise darauf angelegt sind, die Tiere bewusst aggressiv zu machen.

Grundsätzlich gehen die mehr oder weniger schmerzhaften Formen der „Hundeausbildung" von der Philosophie aus, dass sich die ursprünglich charakterlich edlen Hunde in der Wertigkeit weit unter der des Menschen befinden. Ferner habe ich zum Beispiel die Kampfhunde und -Hähne im Kopf, die in illegalen oder legalen Kämpfen, je nach Nationalität, eingesetzt werden oder Hunde, die absichtlich im kriminellen Milieu durch grauenvolle Haltung, psychische und physische Quälereien darauf getrimmt werden, andere scheinbar grundlos anzugreifen. Die Menschen, die derartig mit Tieren verfahren, weisen übrigens selbst oft in ihrer Dynamik weniger strukturierte und konturierte Aurafarben auf. Sie sind wolkig, stumpf, neblig, teilweise trübschmutzig und haben keine klaren Abgrenzungen nach außen. Wie könnte ihre Aura auch Abgrenzungen zeigen, denn sie verhalten sich anderen Lebewesen gegenüber völlig undistanziert und grenzenlos. Sie weisen kein deutliches "aurisches Ei" auf, was ich bei Tieren nur im Fall von starkem Medikamentenkonsum bemerkte und zuweilen während sehr tiefer Trauer (siehe Bild 12 „Unter Medikamentenkonsum lebender Hund" und Bild 11 „Trauernder Hund").

Begehen Tiere Übergriffe auf andere Wesen, sieht ihre Aureole niemals am Rand dermaßen zerfranst, neblig, düster und unklar aus, denn sie folgen keiner genauen Überlegung, keiner **un**moralischen Handlung, sondern ihrem - wie erwähnt - **a**-moralischen Trieb.

In meiner Eigenschaft als Tierkommunikatorin befinde ich mich naturgemäß oft im Bewusstsein verschiedener Tiere. Ich fühle mich in sie ein, sehe, rieche, schmecke durch sie und erhalte Erklärungen für die unterschiedlichsten tierlichen Handlungsweisen, die ihre "Besitzer" oftmals als Verhaltensstörungen abtun. In diesem Zustand verspüre ich natürlich auch den Hunger auf die unterschiedlichsten Mahlzeiten.

Ganz extrem selten, in ganz besonderen Ausnahmefällen, ist mir aufgefallen, dass ein Tier bewusst ein anderes frisst, dass es sich überhaupt bewusst ist, ein Lebewesen zu vertilgen, das leidensfähig ist. Sie verspeisen andere Tiere nur, weil sie Hunger verspüren und ihrem natürlichem Körperbau als Fleischfresser folgen. Sie besitzen zum Beispiel Reißzähne und einen kurzen Darm, um diese Art von Nahrung schnell und gut fressen und verdauen zu können.

Viele unterschiedliche Tierrassen stehen hin und wieder in telepathischem Kontakt zueinander. Jagt ein Tier ein anderes, übermittelt das Gejagte dem Jäger jedoch nicht, dass es leidet, in Not ist, leben möchte und für seine Kinder sorgen muss. In diesem Moment ist durch Schock des Gejagten und Trieb des Jägers der Kontakt abgeschnitten.

Werden sich jedoch solch fleischfressende Tiere - infolge ihrer hohen spirituellen Daseinsform, - darüber bewusst, nehmen sie keine anderen Tiere mehr zu sich, wenn ihnen andere Nahrungsmittel zur Verfügung stehen. In meinem Buch „Mit Tieren kommunizieren"[*] gehe ich detailliert auf die unterschiedlichen spirituellen Daseinsformen von Tieren ein und befasse mich mit der Förderung der tierlichen Spiritualität.

Es scheint zunehmend mehr freiwillig vegetarisch oder vegan lebende Hunde und Katzen in unseren Breitengraden zu geben und ebenso Menschen, die sich deshalb um ihre Tiere sorgen. Als ich in Sri Lanka mit vegetarischen Menschen, Katzen und Hunden lebte, beobachtete ich, dass diese Tiere dort ungewöhnlich alt wurden und anscheinend recht gesund waren. Ich betone das Wort "freiwillig" vegetarisch oder vegan und meine nicht die Tiere, die von "Tierschützern" zu dieser für sie unnatürlichen Lebensweise gezwungen werden und damit selten einverstanden sind, was anhand ihrer unlustigen oder ärgerlichen Aura während der Nahrungsaufnahme zu sehen ist. Letztlich fördert eine unglückliche Psyche Krankheiten, was sich wiederum in der Aureole zeigt. Warum es deutlich mehr vegan lebende Tiere, wie zum Beispiel Hunde und Katzen gibt als früher, ist mir selbst nicht ganz klar.

Befinde ich mich im Bewusstsein eines solchen Geschöpfes, stelle ich fest, dass es mehr unbewusst und nicht unbedingt aus ethischen Beweggründen, fleischlos lebt. Natürlich verstehen Tiere unsere Erläuterungen und leisten ihnen, wenn sie die Erklärungen für einleuchtend halten, Folge. Manchen gefällt die Schwingung der Informationen nicht, die das Fleisch lebenslang gefolterter Tiere ausstrahlt, da die

---

[*] Silberschnur Verlag

Aura natürlich anders aussieht als z. B. die Aura einer gerade getöteten Maus (s. Tafel 13 „Sterbender Hund").

In der Natur würden Tiere Fleisch, das mit derartig negativen Informationen bestückt ist, nicht zu sich nehmen. Andere sympathisieren mit ihren gewaltlos lebenden menschlichen Gefährten. Dass die neuerdings erhöhte Erdschwingung nicht nur menschliches, sondern auch tierliches Bewusstsein anhebt, scheint mir als Erklärung ebenfalls möglich. "Angabegemäß schwang unsere Erde bis 1988 in einer planetarischen "Herzpulsschlagfrequenz" von 7.44 - 7.83 Hertz, die jedoch bis 1997 schon auf 8.72 Hertz angehoben worden sein soll."[*]

Außerdem scheint mir eine einleuchtende Erklärung in den morphogenetischen Feldern zu liegen, die der Biologe Prof. Rupert Sheldrake beschreibt. Danach sind Mitglieder einer Gruppe generell durch diese Felder mental miteinander verbunden. Tiere können auch über eine größere Entfernung hinweg auf die Intention von Menschen reagieren.

Die Theorie der Felder und der morphischen Resonanz besagt also, dass die Idee des Vegetarismus sich nicht nur innerhalb der menschlichen Weltbevölkerung verbreitet, sondern auch die tierliche erfasst. Das normalerweise zu einer fleischfressenden Gattung gehörende Tier müsste in diesem Fall nicht zwingend bei sich gewaltlos ernährenden Menschen leben.

Ein Mensch mit einem normalen IQ, dem Kinderalter entwachsen, weiß immer, was sich auf seinem Teller befindet, wenn er die toten Teile eines Tieres isst. Er ist sich deutlich bewusst, dass er Fleisch eines Geschöpfes, das unfreiwillig, meist unter enormen seelischen und physischen Qualen sein Leben gab, vertilgt. Im Gegensatz zum Tier ist ihm, dank der heutigen Schul-, und Medienaufklärung klar, dass es sich dabei um zumindest für den Menschen ungesunde Nahrung handelt. Natürlich spiegeln sich diese bei Mensch und Tier völlig unterschiedlichen Lebensgewohnheiten bzw. Bewusstseinsinhalte in ihren jeweiligen Auren in diverser Form wider. Das ist der Grund, warum ich im Folgenden des öfteren auf das Ernährungsthema zu sprechen komme, denn dieses zeigt unter anderem enorme Auswirkungen auf die Aura eines menschlichen oder nicht menschlichen Wesens.

---

[*] J. Gustafsson, „Der göttliche Mensch", Grasmück.

Ich bin davon überzeugt, dass diese spirituellen Fähigkeiten immanent in jedem Wesen schlummern. Wenn ich mich tierkommunikatorisch in Tiere einfühle, stelle ich fest, dass all die verschiedenen Tiere aus völlig unterschiedlichen Gattungen, mit denen ich es zu tun hatte, das Energiefeld anderer Wesenheiten wahrnahmen. Sie nahmen es nicht nur unbewusst wahr, sondern benutzten es gleichermaßen als Kommunikationsmedium, denn Tiere kommunizieren mittels Gefühlen, Gerüchen, Geräuschen und Bildern, die sie sich untereinander oder auch uns Menschen zusenden, wenn sie mit uns in mentalen Dialog treten.

An der Aura eines anderen Tieres erkennen Tiere bereits, ob es für sie gefährlich werden könnte, ob es nur Angriffslust aus einem Spieltrieb oder völlig harmlos und freundlich gesinnt ist.

Natürlich ändern Tiere, genau wie wir, des öfteren ihre Laune, ihre Gefühle und damit auch ihr farbiges Energiefeld. Freude und Spiel kann unversehens durch Verhaltensstörungen oder durch plötzlich auftretenden Schmerz in Wut und Attacke ausarten, so dass man dem jeweiligen Tier nicht grundsätzlich und unbedingt, nur aufgrund einer freundlich aussehenden Aura, arglos vertrauen sollte.

Die Farbtafeln in diesem Buch zeigen Tiere, die sich zum jeweiligen Zeitpunkt als ich sie sah, in bestimmten emotionalen Zuständen befanden, außer der Tafel "Ätherkörper eines Pferdes" und "Basisaura eines Kamels". Die Fotos dieser Tiere habe ich in diesen gefühlvollen Situationen teilweise mit Sofortbildkamera geschossen und die Aura mit Lack-/Farbstiften auf diesen Fotos skizziert, um sie später am PC, ohne wichtige Punkte vergessen zu haben, bearbeiten zu können.

Selbstverständlich erhebt dieses Buch nicht den Anspruch auf Vollständigkeit.

I. Das Energiefeld unserer Tiere

Die Auraschichten

Die Aura des Tieres lässt sich folgendermaßen definieren:

Den physischen Körper durchdringend und rund herum befindet sich der **Ätherkörper**. Der Ätherkörper umhüllt zum Beispiel den realen Körper bei einem mittelgroßen Hund im Abstand von 2,5 bis 10 cm. Natürlich vergrößert oder verkleinert er sich proportional zu der Größe des jeweiligen Tieres. Er enthält Informationen über die körperliche Struktur, über den Zugang zur universellen Lebenskraft, über die Empfindungs- und Aktionsfähigkeit im feinstofflichen Bereich.

Der **Emotionalkörper** umgibt den Ätherkörper und strahlt ca. 10 – 70 cm weit bei einem mittelgroßen Hund. Er ist der Träger und Organisator des Gefühlslebens und der Instinkte. Aus dem Emotionalkörper könnten Sie also den Charakter des Tieres, seine momentanen Emotionen, eventuell vergangene emotional stark besetzte Erlebnisse und seine spirituelle Entwicklung ableiten.

Er speichert nicht ausgedrückte Gefühlsenergien. Ich glaube, es gibt kaum jemanden, der Tieren Gefühle abstreitet. Bei der Denkfähigkeit des Tieres sieht es jedoch anders aus. Manche sind nicht davon überzeugt, dass Tiere kluge Denkprozesse in Gang setzen, obwohl es als allgemein bekannt gilt, dass Insekten diametral dem Menschen in seiner mentalen, intellektuellen Leistungskraft gegenüber stehen, und dass zum Beispiel Delphine und Schweine hoch intelligente Wesen sind. Um den Emotionalkörper bildet sich der Mentalkörper.

Der **Mentalkörper** ist der Träger und Organisator der bewussten und unbewussten Denkprozesse. Denkgewohnheiten und zum Beispiel Wertungen, also ethische und moralische Vorstellungen sind hier angesiedelt. Bei einigen spirituell hochentwickelten Tieren treten diese ethischen Vorstellungen natürlich auf. Nicht jede Katze würde eine Maus jagen und eventuell sogar fressen. Manche empathischen Tiere verabscheuen so etwas durchaus, weil sie sich in die Maus und deren Ängste und Sorgen hineinversetzen, sofern es zu Hause genug zu essen gibt und der Trieb nicht allzu stark ausgeprägt ist. Entweder stehen die Tiere telepathisch miteinander in Kontakt, oder weil ein Mensch der Katze diese gewaltvolle und für die Maus grausame Handlung erklärt.

Selbstverständlich verstehen alle Tiere, was der Mensch ihnen tierkommunikatorisch übermittelt, sind jedoch aufgrund ihres Triebes und ihrer Entwicklung innerhalb der Inkarnationsstufen nicht in der Lage, den Erklärungen zur Gewaltlosigkeit Folge zu leisten.

Genauso steht es um den Menschen. So könnte man auch argumentieren, dass Personen, die bewusst die Würde des Tieres missachten und es bewusst psychisch und körperlich verletzen, nicht denken und emphatisch oder ethisch handeln können und demnach keinen Mentalkörper in ihrer Aura aufzeigen. Weit gefehlt! Das tun sie jedoch viel stärker als das Tier, denn die Menschen haben immer die Wahl - es sei denn, jemand ist geistig behindert - sich zu gewaltlosen Handlungen und einer gewaltlosen Lebensweise zu entschließen. Wie erwähnt ist das nur sehr wenigen weit entwickelten Tieren gestattet.

In der Presse liest man immer wieder Berichte über ethische und von Denkfähigkeit zeugenden Handlungen unterschiedlicher Tierspezies: Eine Löwin zieht in Afrika ein verwaistes Antilopenbaby auf. Ein Schwarm Fische im Netz zieht willentlich Fischer unter Wasser. Eine stark hungernde Katze wird von blutrünstigen Filmemachern in einen kleinen Käfig mit einem Vogel gesetzt, den sie zum Filmen fressen soll, es jedoch verweigert. Ein Menschenaffe beschützt ein in ein Zoogehege gefallenes Kind und streichelt es.

Um den Mentalkörper erstreckt sich wiederum der Kausalkörper.

Der **Kausalkörper** schließt die subtilen Ebenen wie das Intuitionsfeld mit ein. Wichtiger, als bei der Aura des Menschen, ist beim Tier das Kausalfeld, das, wenn man es sich vorstellen möchte, je nach spiritueller Entwicklungsstufe des Tieres meterweit vom physischen Körper entfernt liegt. Dass die Tiere spirituell viel fortgeschrittener sind als wir Menschen, habe ich in den Jahrzehnten, die ich intensiv mit Tieren lebe, erkannt. Ebenso viele andere Menschen. Es liegt wahrscheinlich daran, dass sie sich aufgrund ihrer Inkarnationsgeschichte noch nicht so weit und lange vom göttlichen Ursprung entfernt haben wie wir Menschen.

Der Kausalkörper, der also den geistigen oder spirituellen Background ausmacht, stellt eine Verbindung des Tieres mit der Schöpferkraft, dem Urquell, der Einheit allen Lebens dar. Er kann bei bestimmten "magnetischen" Tieren Hunderte von Metern strahlen. Der geistige oder spirituelle Kausalkörper enthält das gesamte Potenzial des Lebewesens für seine künftige Entwicklung. Beim Tier ist das Kausalfeld wichtiger als beim Menschen, weil Tiere intuitive Wesen sind, die dem Spirituellen näher stehen als die meisten Menschen.

Das Kausalfeld ist schwingungsstärker, ätherischer, viel feinstofflicher und lichter als die drei zuvor genannten Felder. Da dieses Feld spirituellen geistigen Einflüssen unterworfen ist, belasten die Ereignisse des tierlichen Körpers das Kausalfeld viel weniger als das Emotionalfeld. Krankheiten, Stress, Geburten, Unfälle, Liebe, Lust, Trieb-, Glück-, und Rauschgefühle berühren es kaum, sondern hauptsächlich den Emotionalkörper.

Eine Abhandlung über die Spiritualität der Tiere und damit des Kausalfeldes ist hier jedoch fehl am Platz. Dieses Buch befasst sich hauptsächlich mit dem Emotionalkörper der Tiere.

Leider findet man in der Literatur keine einheitliche Begriffsbezeichnung der unterschiedlichen Auraschichten, zumal ich über die Aura des Tieres nirgendwo etwas gefunden habe, so sehr ich auch suchte.

Menschen werden bis zu sieben Auraschichten zugewiesen, die von hellsichtigen Personen wahrgenommen werden sollen, je nach spirituellem Entwicklungsstand. Es gibt Tierärzte, -heilpraktiker oder -kommunikatorinnen, die Tieren *nur* die emotionale und die vitalenergetische Ebene zugestehen und das auch nur im allgemeinen Zusammenhang mit der Energie in und um den Körper herum. Sie sind nicht aurasichtig und fühlen sich nicht ein, sondern arbeiten von "außen" mit dem Tier. Diese Ebenen treffen auch auf viele Menschen zu, deshalb tragen sie jedoch trotz allem die anderen Schichten in ihrer Aura, auch wenn sie von dem entsprechenden Potenzial keinen Gebrauch machen.

Wie Sie bei Ihrem Tier eine Aura der Zufriedenheit erzielen

Ich begebe mich anscheinend auf noch unbekanntes Terrain, wenn ich meine metaphysischen Erfahrungen mit spirituellen Tieren und deren Aureole schildere. In diesem Buch handelt es sich fast ausschließlich um den Emotionalkörper, wenn von dem Begriff Aura die Rede ist. Dieser ist am deutlichsten und am farbigsten zu sehen und für Sie am leichtesten zu interpretieren. Ferner betrifft er unser Verständnis für das Tier und unser irdisches, alltägliches Zusammenleben mit ihm.

Wir sollten niemals vergessen, dass ein Tier alle möglichen Gefühle, die wir Menschen als ganz „normal" wahrnehmen, in hochpotenzierter Form erlebt. Auch Geräusche und Gerüche werden von vielen Tierspezies zum Beispiel von Hunden, Pferden, Fledermäusen, Katzen und Fischen hochverstärkt empfunden, im Gegensatz zu unseren menschlichen niedrig ausgeprägten akustischen und olfaktorischen (riechenden) Fähigkeiten. Das Tier hat zudem keine Möglichkeit, sich von psychischem Schmerz und Kummer, von Trennungen, Ängsten, Depressionen und Erinnerungen abzulenken. Wir hingegen lenken uns ab durch Medien wie das Telefon, den Fernseher, Bücher, Nahrungszubereitung, Gesellschaft anderer, Medikamente, Psychologen, Ausgehen u.s.w. Das Tier ist gnadenlos auf uns angewiesen, die wir es oft allein im Haus oder im Stall ohne Abwechslung einsperren, die frühe Dunkelheit im Winter nicht berücksichtigen und uns nicht um seine Gefühle und seine Wünsche scheren. Wir Menschen sind oft zu unsensibel und egozentrisch und nutzen die in uns allen schlummernde Fähigkeit mit Tieren geistig oder mittels des Aurasehens zu kommunizieren nicht. Wir tauschen unsere Gedanken, Gefühle und unsere sensitive Sehfähigkeit mit ihnen nicht aus, weil unsere technisierte Gesellschaft es nicht zulässt, und wir uns häufig unkritisch indoktrinieren lassen.

Die Aura unserer schutzbefohlenen Wesen zu betrachten, die uns viel über ihr Seelen- und Körperleben verrät, sollten wir in ihrem Interesse niemals vernachlässigen. Würden mehr Menschen sich bemühen, mit

Tieren mittels des Auralesens in Kontakt zu treten, würden viel weniger Tiere unter Depressionen leiden oder andere psychische oder physische Missstände aufweisen. Diese negativen von Leid geprägten Missstände bilden Schichten, die sich um unseren Planeten formieren. Der Gründer der Anthroposophie Rudolf Steiner nannte diese zum Beispiel die Akasha Ebenen. Die dort angehäuften und teilweise düsteren Informationsschichten strahlen jedoch auf die Erdbewohner zurück und verursachen in uns wiederum Ängste und Depressionen, unsere sogenannten Volkskrankheiten. Der Biologe Rupert Sheldrake sprach in diesem Zusammenhang von morphogenetischen Feldern, auf die ich später noch eingehen werde.

Die Menschen, die ihren Hunden - der Hundeverordnung wegen - Maulkörbe aufsetzen, die sie am Atmen und Bellen hindern, würden ihnen diese viel zu engen tierquälerischen Maulkörbe nicht anlegen, wenn sie die Aura des Tieres sehen könnten. Diese Hunde schreien mittels einer riesigen dunklen Wolke mit roten Pfeilen an der Herzgegend um Hilfe, weil sie ihre Schnauze nicht öffnen und nicht hecheln können. Sie leiden Todes- bzw. Erstickungsängste und leiden oft unter Herzschmerzen. Trägt ein angeblich „gefährlicher" Hund hingegen einen tierfreundlichen, weiten Maulkorb, der ihm erlaubt, die Schnauze zu öffnen, zu trinken und vor allem kräftig zu atmen, strahlt seine Aureole wie üblich in ihren, zu dem Charakter des Hundes passenden, Farbnuancen.

Wenn ich Stallbesuche mache, erlebe ich viele Pferde in den Nebenboxen des Tieres, zu dem ich gerufen werde, größtenteils als unendlich armselige, geschundene Wesen, weil sie mit von Schmerzen triefenden Auren in ihren Ställen ein unwürdiges Leben fristen. Wenn sie keinen Schmerz aufweisen, zeigen sie oft Zeichen von Einsamkeit, Vernachlässigung und Unverstandensein. Ich empfehle den Besitzern und anderen Pferdehaltern in den jeweiligen Ställen das Aurasehen oder die Tierkommunikation zu erlernen. Das kann bereits über Erklärungen oder das Lesen meiner Bücher geschehen oder auf Wunsch über entsprechende Workshops, die ich leite. Ich habe festgestellt, sobald die Tierhalter sich mit diesen Themen beschäftigen, sie sich viel sensibler ihren Tieren gegenüber verhalten. Plötzlich muten sie ihren Pferden keine Trense oder zu schmale Sattel etc. mehr zu, sondern befassen sich mit gewaltlosem Reiten. Das kostet ein wenig Mühe, wenn man sich denn unbedingt auf ein Pferd setzen muss, was in unserer heutigen motorisierten Zeit völlig überflüssig ist. Solch eine Aussage mag für manche passionierte Reiter eigenartig klingen und erfordert Umdenken.

Ein Pferd kann niemals vor Schmerz schreien. Das ist ihm unmöglich, obwohl - das ist wirklich nicht übertrieben - die meisten Pferde fast dauernd unter Höllenqualen leiden. Die Aura des Pferdes jedoch kann schreien! Sie schreit seine Qual deutlich mittels Farben und Formen heraus. Zunehmend mehr Menschen, die sich mit ihren Pferden verständigen und deshalb neben dem Tier ohne Trense hergehen, die Natur genießen und das Pferd ansonsten auf der Weide tollen lassen, wie die Natur es ursprünglich beabsichtigte, fühlen sich selbst mit dieser – für unsere Gesellschaft noch ungewöhnlichen Einstellung – wohler und deutlicher im Einklang mit ihrem Tier. Sie lassen die intelligenten Geschöpfe am Familienleben teilhaben, wie es früher üblich war, als alle gemeinsam in stallähnlichen Bauten lebten, wo einer dem anderen dienlich war, anstatt sie in kalte, manchmal einsame und oft düstere Ställe abzuschieben. Ich möchte Sie, liebe Leser, bitten, mit Hilfe der Aurasichtigkeit zu prüfen wie sich ein Pferd fühlt, wenn sich ein Mensch auf seinen Körper setzt. Denn in diesem Moment ändert sich die Aura prompt und zeigt sehr häufig Schmerz, auf jeden Fall aber Belastung an. Schmerzen leiden die Tiere meistens an der rechten Nierenseite, an der Wirbelsäule oder den Vorderbeinen. Die meisten Pferde, Esel, Kamele oder sonstige „Lasttiere" würden es natürlich ablehnen, freiwillig diese Last zu tragen. Heutzutage ist das in unseren Lebensgebieten auch nicht mehr nötig.

Ein anderes Beispiel, an dem das Leid der Tiere an ihrer Emotionalaura zu erkennen ist: Was für ein trauriges, unwürdiges Leben bescheren viele Menschen oft den kleinen Hasen, Hamstern, Meerschweinchen, Frettchen, Ratten oder Chinchillas, die sie zumeist für ihre Kinder anschaffen. Die Tiere werden schnell in kleine Ställe zu Einzelhaft verurteilt, möglichst in den Garten oder auf den Balkon, wo sie dann überhaupt nichts mehr vom Treiben der Familie mitbekommen. Das dämmt natürlich ihre Intelligenz und Lebenslust deutlich ein. Eigenartigerweise würde kaum jemand einem Hund oder einer Katze in unseren Breitengraden ein solch erbärmliches Leben zumuten.

In den Käfigen oder Ställen entwickeln diese Tiere schnell eine negative Aura aus lauter Einsamkeit und Traurigkeit, die ich an anderer Stelle ausführlich beschreibe. Oft genug frieren sie bitterlich im Winter oder erfrieren. Der lange Schmerz des Frierens ist an rötlich - orangen Stacheln zu erkennen (siehe Tafel 14, hier leidet als Beispiel eine kleine Katze unter Schmerzen). Am Anfang übermitteln diese Tiere jedem vorbeikommenden Menschen ihr Unglück und bitten jämmerlich um Hilfe, sofern man in diese oft lächerlichen Hasenkäfige einsehen kann. Später, bevor das Tierchen stirbt, wandeln sich die roten Zacken ins Bräunliche, Gräuliche, oder manchmal sogar Schwärzliche als Zeichen seiner Erschöpfung, seiner Hoffnungslosigkeit und seiner Enttäuschung.

Es werden in unserer Gesellschaft zwar gewaltlose Fernsehfilme als Kinderprogramm empfohlen, aber die ungezügelte Grausamkeit den Tieren, den Schwächsten, Hilflosesten und Ärmsten unserer Gesellschaft gegenüber, dürfen sich unsere Kinder gerne anschauen. Früh lernen sie, dass Wehrlose in den Kochtopf gehören und intelligente, fühlende Wesen, deren STILLE, zivilisierte und visuelle Sprache viele Menschen nicht verstehen, deren negativen Trieben und dunklen Abartigkeiten ausgeliefert sind.

Manch einem Tier erginge es wesentlich besser, wenn Menschen sein Wohlbefinden anhand seiner Aureole abzulesen verstünden!

Ich kann jedem Tierfreund empfehlen, sein Herz einzuschalten und sich an die Stelle des Tieres zu versetzen. Seien Sie bitte kritisch! Glauben Sie niemandem, der Ihnen etwas über „richtige" Tierhaltung erzählen will. Lernen Sie, die Aura zu interpretieren und tun Sie einfach das, was bei Ihrem tierlichen Freund eine leuchtende, glückliche und weithin strahlende Aureole auslöst, ungeachtet dessen, was „Fachleute" als artgemäß oder unartgemäss betiteln. Wie kann ein MENSCH in der Lage sein, einem Tier, einer völlig ANDEREN Gattung, ohne dessen Sprache zu verstehen oder sich jemals in es eingefühlt zu haben, vorzuschreiben, wie es zu leben hat aufgrund irgendeiner angeblich artgemäßen Haltung?

Zum Beispiel gehören in unseren Breitengraden, ganz anders als in manchen asiatischen Gegenden, Schweine in den Stall und nicht ins Wohnzimmer auf die Couch oder auf eine Decke. Wer entscheidet so etwas? Und mit welchem Recht? Manche Menschen behaupten, es sei nicht artgemäß und deshalb Tierquälerei, nur weil sie es einmal irgendwann irgendwo so gelernt haben. Ich kenne so manches im Haus lebende große Schwein, das viel glücklicher bei seinen menschlichen Gefährten ist, als im Stall bei Artgenossen. Die Schweine melden sich eben, wenn sie ihr Geschäft verrichten müssen und sind sehr zufrieden, wie ein Hund oder eine Katze wohnen zu dürfen. Artgemäß kann doch nur das sein, was ein Individuum glücklich macht ohne anderen Individuen zu schaden. Ein Tier, das „artgemäß" lebt, zeigt immer, wenn es gesund ist, eine saubere, reine, klare und leuchtende Aura in den unterschiedlichsten hellen oder auch knalligen Farbschattierungen auf.

Bei meinen Bekannten, Freunden und mir leben Tierchen wie Hasen, Frettchen etc. frei im warmen Haus, bedienen sich der Katzenbäume, um zu klettern, benutzen sauber und manierlich ihre Lieblingsecken mit Zeitungsunterlage als Toilette. Auch Vögel, wie Papageien, Wellensittiche, Kanarien etc. weisen eine viel klarere und glücklichere Aura auf, wenn sie frei in der Wohnung fliegen dürfen, die Fenster zu deren Schutz mit Moskitonetzen versehen sind und ihnen als Toilette eine Zeitung unter ihre Zweige, die zum Ausruhen und Schlafen dienen, gelegt werden (siehe Tafel 16 „Zwei Wellensittiche"). Tiere, die in Käfigen gehalten werden, tragen immer und grundsätzlich eine mattere Aura als ihre freieren Artgenossen.

Natürlich sind Tiere nicht anders als Kinder und zerstören versehentlich irgendwelche Möbel oder Sonstiges, weil man ihnen die Dinge nicht genügend mental, also tierkommunikatorisch, erklärt hat. Sie sind eben ungeschickter als Erwachsene. Mit zunehmendem Alter und genügend liebevoller Erläuterung der menschlichen Mitbewohner vermeiden sie diese Missgeschicke nach einiger Zeit. Würden Sie deswegen Ihre Kinder in winzige Käfige oder in Ställe in Einsamkeit, Kälte und womöglich Einzelhaft stecken?

Ich hoffe natürlich sehr, dass durch das Lesen dieses Buches zunehmend Menschen die Aura ihrer in Gefangenschaft gehaltenen Tiere regelmäßig anschauen und die trüben, manchmal jämmerlichen, schmutzig wirkenden Gloriolen um ihre Körperchen weder aus ästhetischen, noch aus emotionalen Gründen ertragen können. Vergleichen

Sie, liebe Leser, eine solche Aura bitte mit der Aura ihres Tieres, wenn Sie es für längere Zeit zwar beschützt, aber dennoch in Freiheit, laufen, fliegen, schwimmen oder klettern lassen. Sie werden erkennen, dass Sie den Tieren durch eine befreitere und glücklichere Lebensweise ermöglichen, eine weithin schimmernde und saubere Aura auszustrahlen, deren Anblick auch für Sie ein Hochgenuss sein wird.

Große Hoffnung setze ich auf Kinder, die selbstredend auch grausam mit unseren tierlichen Mitgeschöpfen umgehen können, die sich jedoch im allgemeinen viel empathischer mit Tieren befassen als Erwachsene und locker von ihren Erfahrungen bezüglich dem Sehen von Auren und dem Wahrnehmen von geistigen Mitteilungen der Tiere reagieren. Ich bitte alle Leser, Ihre Kinder in solchen feinstofflichen Wahrnehmungen zu bestärken.

Durch ihren Geburtsort inmitten von Tieren wollten große, berühmt gewordene Seelen, die teilweise Philosophien oder Religionsrichtungen gründeten, sicher nicht ausdrücken „Ich lasse mich hier gebären, um die Tiere zu meinen Sklaven zu machen, zu missbrauchen und sie gar zu verspeisen." Diese großen berühmten Seelen sind oder waren alle erwiesenermaßen Veganer. Sie machten durch ihren tierfreundlichen Geburtsort deutlich:" Seht her! Ich bin in sehr guter, sauberer Gesellschaft und fühle mich spirituell sowohl in der tierlichen als auch in der menschlichen Gegenwart wohl. Ich bin gekommen, um die Tiere zu befreien, um sie vom Joch der Sklaverei zu erlösen und um Liebe und spirituellen Fortschritt unter Tiere als auch Menschen zu bringen".

Magnus Schwantje (1877-1959), der erste bedeutende Vorläufer von Tierschutz und Vegetarismus im deutschen Sprachraum, der den Terminus" Ehrfurcht vor dem Leben" prägte, sagte: „Auch wenn wir gar nicht hoffen könnten, dass jemals alle Menschen zur vegetarischen Lebensweise übergehen werden, hätte niemand deswegen das Recht, Fleisch zu essen. Ein Unrecht bleibt auch dann ein Unrecht, wenn *alle* es verüben."

Ich kann dem im Hinblick auf das Sehen der Aura nur hinzufügen: Dieses „Unrecht" lässt sich nicht verheimlichen, denn wir nähern uns in Riesenschritten einem Zeitalter, in dem zunehmend mehr Menschen sich für geistige Inhalte interessieren und in dem es zunehmend mehr Menschen möglich ist, die Ausstrahlung, die Aura des Körpers jedes Lebewesens visuell wahrzunehmen und diese zu deuten. Diese trübt und schwächt sich bei Lebewesen, die organisch, physisch nicht dazu ausgestattet sind und trotzdem andere Lebewesen vertilgen. Viele Menschen leben entsprechend, was sich natürlich an deren Aura ablesen lässt. Ein gutes Beispiel hierfür bieten auch die ursprünglich vegan lebenden Kühe, die gewaltsam mit Leichenteilen - unter anderem mit zermahlenen Knochen - ihresgleichen gefüttert wurden und, wie jeder weiß, dadurch an BSE erkrankten. Selbstredend strahlen diese in keiner Weise wie eine gesunde natürlich - also vegan - ernährte Kuh, sondern ihre Aura wirkt opaker, dumpfer, matt grau-braun mit zuweilen roten schmerzanzeigenden Zacken an entsprechenden Körperstellen. Ein solches, von anscheinend geistig kranken Menschen, hinfällig gefüttertes Tier sah ich einmal mit düsteren Wolken um den Leib, rötlichen Schmerzstacheln an den Füßen und einem Wust von allerhand Spektralfarben gepaart mit aufflammenden feuerroten schmerzanzeigenden Zacken um dessen Kopf herum.

Die Farben der Aura

Es gibt unzählige Abhandlungen, die sich mit der Aura des Menschen befassen.

Zwischen diesen Ausführungen stellte ich zuweilen Differenzen fest. Deswegen konzentriere ich mich vorwiegend auf meine jahrzehntelangen Erfahrungen. Vor meinen Channelingsitzungen pflege ich grundsätzlich die Aura der hilfesuchenden Personen zu zeichnen, um mich auf ihre Schwingung einzustellen und etwas über ihren körperlichen, psychischen und spirituellen Zustand zu erfahren. Dabei helfen mir meine Intuition und mein Draht zu ätherischen, lichtvollen Sphären. Ähnlich verfahre ich seit etlichen Jahren während der tierkommunikatorischen Sitzungen, das heißt während der Zeiten, wenn ich zwischen Tieren und ihren menschlichen oder auch tierlichen Gefährten zum Zwecke der verstärkten Harmonie, des sich Verstehens und Aufeinandereingehens vermittle. Im Laufe dieser vielen Jahre beobachtete ich intensiv bei Menschen und Tieren die Charaktereigenschaften, ihr Verhalten und ihr Leben. Ich stellte fest, dass die Farben in der menschlichen Aureole grundsätzlich immer die gleiche Bedeutung haben, und zwar bei allen Menschen - wobei natürlich unterschiedliche Gelbstufen auch verschiedenen Charaktereigenschaften zuzuordnen sind. Innerhalb der Farben befinden sich zuweilen verschiedene Formen, die jeweils nur in Bezug auf die jeweilige Person ausgewertet wurden.

Bei Tieren jedoch verhält es sich anders. Die Bedeutung von Gelb bei einem Menschen muss nicht unbedingt die gleiche Bedeutung bei einem Tier haben.

Ich möchte hier auf einige Unterschiede in der Farbbedeutung zwischen Menschen und Tieren eingehen, wobei der inhaltliche Farbenzusammenhang bei den Tiergattungen, gleich ob es sich um ein Insekt oder einen Elefanten handelt, sehr ähnlich ist. Die Bedeutung von Grün bei einer Spinne entspricht dem Inhaltszusammenhang von Grün auch bei einem Nashorn. Bei einem Menschen würde ich die Farbe Grün wiederum völlig anders interpretieren, worauf ich später noch zurückkomme.

Obwohl die unterschiedlichen Tierspezies verschiedene Charakter-merkmale innerhalb einer Gruppierung aufweisen, wie zum Beispiel die Distanz und Unabhängigkeit der Katzen oder die Anhänglichkeit und Treue der Hunde, bedeutet das nicht grundsätzlich, dass eine be-stimmte Aurafarbe innerhalb verschiedener Tiergattungen automatisch eine andere Bedeutung hat.

Jede Farbe hat ihre entwickelten, leuchtenden und ihre unentwickel-ten, dunklen, matten Tönungen. Klare, kräftige, lichtvolle Töne in der Aura zeigen positive Qualitäten an, wie Eifer, Kraft und Willensstär-ke. Matte, dunkle und dumpfe Töne deuten auf einen Mangel an Kraft und Stabilität.

Im Folgenden möchte ich die Farben der Aura und deren Bedeutung im Tierreich im Zusammenhang mit Fallbeispielen aufzeigen, und - wo es sich ergibt - den Unterschied zur menschlichen Aura darstellen.

Lassen Sie mich zuvor ein paar Worte über die Seelenwanderung sa-gen, denn anhand einiger Farben ist der spirituelle Werdegang bei Tie-ren abzulesen. Anhand der Aura erkenne ich, ob ein Tier bereits hohe spirituelle Leben hinter sich hatte, wenngleich ich persönlich diese nicht unbedingt an der Aura detailliert festzustellen in der Lage bin. Dazu bediene ich mich - wie erwähnt - anderer Methoden.

Würden mehr Menschen vom Thema der „Reinkarnation" überzeugt sein und über karmische Gesetze Bescheid wissen, gingen viele rück-sichtsvoller mit Tieren um, wenn schon nicht aus Liebe zu ihnen, dann allein deswegen, um nicht das gleiche Schicksal wie ein von ihnen schlecht behandeltes Tier zu erleiden.

Um die Aura eines Tieres bedeutungsvoll lesen zu können, sollte ein Mensch sich schon ein wenig auf die Reinkarnationslehre einlassen, die im christlichen Abendland nicht mehr sehr verbreitet ist. Dass sich in Europa nicht allzu viele Menschen mit diesem Thema beschäftigen, liegt an Justinians herrschsüchtiger Frau Theodora. Im Jahre 553 ließ sie die Wiedergeburtslehre aus dem christlichen Glauben abschaffen. Sie war (nach Procopius) die Tochter eines Bärenwärters in Byzans, bevor sie ihren kometenhaften Aufstieg zur Herrscherin des Reiches als Kurtisane begann. Um mit ihrer untugendhaften Vergangenheit aufzuräumen, ließ sie als sittenstrenge Kaiserin 500 ihrer damaligen

Genossinnen foltern. Anschließend fiel ihr unangenehmerweise ein, dass sie diese Gräueltat aufgrund der karmischen Gesetze später in einem anderen Leben werde büßen müssen. So ließ sie kurzerhand den Wiedergeburtsgedanken von ihrem Gemahl Kaiser Justitian I. mit einem persönlichen Bannfluch entfernen.[*].

---

[*] sinngemäß entnommen aus "Reinkarnation", Ronald Zürrer, Sentient Press, S. 26)

Die Bedeutung der Farben

Gelb

zeigt Erkenntnis über den Verstand und den Intellekt, Intuition und rationales Denken an. Als Tierkommunikatorin lasse ich mich auf keine Diskussion ein, ob ein Tier überhaupt Intelligenz besitzt und wie diese zu definieren ist. Ich lächele über Bücher oder Fernsehsendungen, in denen „intelligente" Forscher versuchen, über die dümmlichsten Tests herauszufinden, wie man ein Tier konditionieren und ob ein Affe bis drei zählen kann. Es gab eine Zeit, während der man schwarzen Menschen einen IQ von vielleicht minus 20 einräumte.

Sogar in unseren Landen gibt es vereinzelt noch immer derartige Denkweisen. In vielen Landstrichen der Erde gesteht man Frauen heute immer noch weder eine Seele, noch Empfindung noch Bewusstsein oder Intelligenz zu. Solch ein Denken resultiert aus wahrer Schwäche, dem extrem niedrigen Selbstwertgefühl von Menschen, die es psychisch dringend nötig haben, über andere Kreaturen ob zwei - oder mehrbeinig zu thronen.

Wenn ich mit Tieren in Kontakt stehe und sie mir ihre Weisheiten und Botschaften übermitteln, denke ich oft, dass diese nicht nur ausgesprochen weise, sondern auch sehr intelligent sind und ihr „Besitzer" sich manchmal an ihnen ein Beispiel nehmen müsse. Zuweilen ist es mir selbst gar peinlich der Gattung der Menschen anzugehören!

Über die emotionale Intelligenz der Tiere lässt sich nicht streiten. Sie sind empathischer als Menschen und behandeln sich untereinander sozialer als wir es in unserer inzwischen dekadenten Gesellschaft je täten - denken wir nur an Ameisen-, Wespen-, Bienen- und Termitenvölker. Sie pflanzen sich fort, verfügen über komplexe Arbeitsteilungen, bilden eine hierarchische Gesellschaft und bauen motiviert kunstvolle, organische Nester, die im Falle von Termiten bis zu drei Metern hoch ausfallen und sogar mit Ventilationsschächten versehen sind. Letztere architektonische Qualitäten gehen bereits in das Feld der rationalen Intelligenz über. In Elefantenherden und Delphingruppen herrscht eine sehr liebevolle, rücksichtsvolle und soziale Struktur.

Im Bereich der Verhaltensforschung werden die Intelligenzleistungen von Delphinen, Vögeln und vorwiegend von Menschenaffen erforscht. Die Fische wurden bis jetzt ausgeklammert, weil sie auf der stammesgeschichtlichen Leiter der Wirbeltiere ganz unten standen. Noch immer gibt es dermaßen einfältige Menschen, die die Fische nicht zu der Gattung Tier rechnen. Wahrscheinlich betrachten sie diese als Pflanzen oder Gemüse, denn wenn man in einem Restaurant, gleich ob unterer oder gehobener Kategorie, nach einer vegetarischen oder gar veganen Karte fragt, bekommt man des öfteren Fisch angeboten.

Nun bewiesen der Zoologe Redouan Bshary von der Universität Cambridge und zwei Ethologen,[*] Wolfgang Wickler und Hans Fricke vom Max-Planck-Institut in Seewiesen, dass Fische zur sozialen und kognitiven Intelligenz fähig sind, die den kognitiven Leistungen der Primaten ähneln.[†] Sie leben in hierarchischen Strukturen, besitzen Lernvermögen, Gedächtnis und individuelle Persönlichkeitsmerkmale. Dass sie über "Umweltintelligenz" verfügen, beweist ihr räumliches Gedächtnis und das Anlegen kognitiver Landkarten im Gehirn.

Ein Beispiel nehmen könnten sich Menschen an der emotionalen Intelligenz von Tauben, die ihr Leben lang in Einehe leben, gleich ob homo – oder heterosexuell, was im Übrigen auch bei vielen Fischarten der Fall ist. Sie sorgen sich sehr lange und äußerst aufopfernd, unter Aufbietung ihrer letzten Kräfte um ihre Jungen, obwohl diese Tiere in unserer wenig emotional intelligenten Gesellschaft extrem schwer zu tragen haben.

Die rationale Intelligenz der Tiere beweisen auch tagtäglich Delphine, die für die Navy arbeiten müssen. Wie bereits erwähnt, wird ebenfalls den Schweinen ein besonders hoher IQ bescheinigt.

Am Liebsten wäre es mir, wenn sich Menschen vermehrt aurasichtig und tierkommunikatorisch mit Tieren kritisch und intelligent ausei-

---

[**] Animal Cognition, Bd. 5 H.1, 2001/2
[*] Die kognitive Ethologie ist ein Bereich der Forschung, der sich mit den Intelligenzleistungen von Tieren beschäftigt

nandersetzten, um sich selbst ein Bild von dem von mir Beschriebenen zu erstellen.

Reines, sattes Gelb

steht für Weisheit, Intuition und Willen. Es zeigt die Beschäftigung mit mentalen Dingen an, wie lernen zum Beispiel, sowie ein starkes Sicherheitsbedürfnis. Tiere, die sich Nester bauen oder Vögel, die fliegen lernen, zeigen neben anderen Farbtönen viel sattes Gelb auf. Kleine Katzen, die die Welt erkunden und klettern lernen, tragen diese reine gelbe Aura. Tiere, die sehr hartnäckig in ihren Wünschen sind und bewusst beharrlich auf deren Erfüllung durch Körpersprache oder telepathische Kommunikation beharren, weisen um den Kopf herum oft diese satte, reine Gelbtönung auf (siehe Tafel 2 "Basisaura eines Kamels"). Bei „alten weisen" Seelen hüllt Gelb den Kopf- und Schulterbereich ein. Oft sind es Wesen, die nach spirituellen Menschenleben wieder als Tier inkarnierten, wie in meinem Buch „Mit Tieren kommunizieren" beschrieben.

Helles Gelb

spricht von sonnigem Gemüt, Fröhlichkeit, Spritzigkeit, Humor, Sensibilität und guter Intuition. Ich habe eine Katze kennen gelernt, der es sehr gut ging und die vor Humor nur so überquoll. Ulkig aussehende Missgeschicke, die anderen Menschen oder Tieren passierten, teilte der Kater belustigend in hellgelber Aura mit. Von lichtem, hellem Gelb sind auch Tiere umgeben, die bewusst anderen Tieren oder Menschen helfen. Es zeugt von idealistischem Denken, das Tieren oft zu eigen ist. Delphine, die Menschen vor dem Ertrinken retten, sind von einer hellgelben Aura umhüllt, die natürlich als Zeichen der Liebe auch Rosa aufweisen kann. Ist das Tier erschöpft, kommt vielleicht noch eine Spur von Braunorange hinzu.

Sehr helles Weiß - Gelb

bedeutet, dass das Tier spirituell sehr hochstehend sein kann. Es gibt natürlich, genau wie unter den Menschen, auch Tiere, die sehr dazu neigen, sich mit spirituellen Inhalten zu beschäftigen. Sie hören gerne zu, wenn Menschen entsprechende Texte lesen oder positiv schwingende Lieder, vielleicht Bhajans (heilige Lieder) oder Mantren, singen. Sie meditieren mit ihnen oder ohne sie und heilen andere Kreaturen bewusst oder auch unbewusst.

Dunkles Gelb

deutet auf Anstrengung und Frustration hin, aber auch auf Cleverness. Ein „schlauer" Fuchs überlegt sich lange, wie er seine Jungen satt bekommt. Er wartet ab bis die Menschen schlafen gehen und versucht auf raffinierte Weise, in den Hühnerstall einzudringen.

Ein als sehr intelligent eingestufter Barsch, der seine Familienmitglieder übervorteilt, um beispielsweise an sein Futter zu kommen, zeigt in dem Moment des Überlistens großflächig um den Kopf herum Dunkelgelb auf.

Dunkles, schmutziges Gelb

fand ich großflächig bei Menschen, die egoistisch und misstrauisch sind und niedere Beweggründe für ihr Tun hatten. Bei Tieren habe ich solch ein mattes, getrübtes Gelb großflächig nicht gefunden. Es herrscht dann kleinflächig vor, wenn das Tier Anzeichen von Traurigkeit und Wehmut überkommen.

Gold-Gelb

zeugt von strahlender Gesundheit und Wohlbefinden. Tiere, die goldgelb aufweisen, sind äußerst großzügig, freundlich und hilfsbereit. Eine meiner Katzen beschenkt mich regelmäßig mit Dingen, die ihr sehr viel bedeuten. Mit relativ großflächiger, leuchtend goldgelber Aura bringt sie mir ihre neuesten, geliebten Spielzeuge, die sie mir auf den Frühstücksteller legt oder als Überraschung in meine Schuhe steckt. Hauptsächlich befindet sich das Goldgelb um den Kopf und um die Herzgegend herum.

Gold

ein Goldton mit einer blauen Tönung an den Rändern steht für vergeistigtes Denken. Auch hierbei handelt es sich häufig um Tiere, die bei spirituellen Menschen leben und deren Gedanken und Schwingungen aufnehmen. Gold habe ich persönlich niemals bei einem Menschen gesehen, weder bei Kindern, noch bei Erwachsenen. Ein aurasichtiger Mensch, der regelmäßig Sterbebegleitung bei Menschen durchführt, berichtete mir jedoch, dass er im Moment des Todes eines erwachsenen Menschen um diesen herum einmal eine glitzernde Goldregenumrandung wahrgenommen hätte. Dabei sprach er jedoch nur von glitzernd und schillernd goldig. Auch weiß, gelb, orange, ocker können als Gemisch goldtonartig wirken. Solche Farbnuancen sah ich auch zuweilen bei Menschen. Das ist jedoch nichts Besonderes!

Metallisch glänzendes Gold fand ich persönlich **nur** bei Tieren!

Aurasichtige Menschen, die professionell mit Menschenauren arbeiten, bestätigten, dass metallische Goldtöne in einer Aura nur bei Heiligen vorkommen und ganz selten zu finden sind. Der Mensch müsse schon extrem hart an sich gearbeitet und Myriaden von spirituellen Leben hinter sich haben und eigentlich kein Mensch mehr sein, sondern eher ein Engel.

Gold steht für absolut reines Denken, äußerst aufopferndes Leben, besonders gutes Handeln, liebevolle Gesten, liebende Gedanken und enorme Großzügigkeit. Im Zusammenhang mit Blau oder gar Violett deutet es auf frühere tiefspirituelle Inkarnationen hin.

Tiere zeigen recht häufig kleine goldschimmernde Auraflächen auf. In einigen Fällen umranden Goldstreifen andere Farben oder sie dienen als Schutz und umranden somit den gesamten Emotionalkörper in mehr oder weniger dünnen Streifen.

Teilweise springen kleine Goldpünktchen zwischen einzelnen aurischen Stellen umher. Manche Tiere tragen gar eine metallisch goldene Aureole um Kopf und Schultern. Bei einer Katze sah ich den gesamten Brust- und Bauchraum als metallisch glänzendes, weit strahlendes kaleidoskopartiges rotgoldenes, grüngoldenes, gelbgoldenes und silbriges, wunderschönes, harmonisches Gebilde. Über das Wesen dieses Geschöpfes erübrigt es sich Worte zu verlieren.

Blau

Tiefes Blau ist die Farbe der höheren Mentalbereiche, die ins Spirituelle übergehen. In seiner Auswirkung ist es inspirierend, spirituell, lindernd, kühlend und harmonisierend. Die positiven Aspekte deuten auf Selbstlosigkeit und hohe Ethik, die negativen Töne, die mit Grau vermischt sind, opak und düster wirken, zeigen Melancholie und Existenznot an.

Blau-Violett

Die besonders schönen dunkleren Blautöne, manchmal mit Violett gepaart, besitzen mehr Kraft und zeigen, dass das Tier seine Aufgabe gefunden hat, in der es aufgeht, ganz dem Dienst hingegeben. Solche Auren tragen zuweilen Blindenhunde und Lawinenhunde, wobei ich nicht behaupten möchte, dass alle Blindenhunde ihre Aufgabe lieben. Manche leiden sehr darunter.

Tiefes Königsblau

Tiere, die andere Wesen heilen, ihnen bewusst aus reiner Liebe heraus Kraft geben, die spirituellen Menschenveranstaltungen beiwohnen, zeigen oft relativ großflächige tiefe, leuchtende Blautöne auf. Bei Menschen deutet Blau auf Religiosität hin. Natürlich sehnt sich auch das Tier nach seinem wahren Ursprung, nach seiner geistigen Heimat. Dunkles Königsblau mit leuchtenden violetten Funken bedeutet zudem Treue und Vertrauen zu seinen menschlichen oder tierlichen Lebensgefährten.

Violett

zeigt erhabene Spiritualität und große geistige Kräfte beim Tier an. Ich habe Tiere unserer Breitengrade, wie Hunde und Katzen kennen gelernt, die sich liebevollst für andere Tiere, die neu zu einer Wohngemeinschaft von Menschen und Tieren hinzukamen, einsetzten. Sie gaben ihnen körperliche Wärme und riefen Dank ihrer liebenden Ausstrahlung niemals Angst durch ihre Größe oder Form hervor. Sie sandten ihnen gütige, beruhigende Gedanken, begleiteten sie im Schlaf in Astralwelten und bei Bilokationen (an mehreren Orten gleichzeitig anwesend sein). Das heißt, dass solche Tiere auch deutlich von Menschen und anderen Geschöpfen an verschiedenen Orten zur gleichen Zeit gesichtet wurden, wo sie wiederum heilend und gütig am Werk waren. Diese Tiere waren von einer strahlend violetten Aureole umgeben. Aber auch innerhalb einer wilden Elefantenherde habe ich einmal ein Tier mit solch einer violetter Ausstrahlung und Würde gesehen, das sich sehr von den anderen unterschied. Sicherlich zeichnete es sich durch erhabene spirituelle Fähigkeiten, idealistische Liebe und Weisheit aus. Diese hatte ich keine Gelegenheit zu überprüfen.

Bei Menschen sagt man, es sei die Farbe der Eingeweihten und Adepten. Wie bereits erwähnt, kann auch ein Tier in einem früheren Leben ein Eingeweihter gewesen sein und seine erhabene Seele mittels der violett schimmernden Aura zum Vorschein kommen.

Tiere, die großflächige violette Aurenbereiche aufweisen, lieben ihre Freiheit. Sie ertragen es nicht, eingesperrt zu sein und Leine oder Halfter tragen zu müssen. Vielleicht sind sie gerade deswegen so häufig zu Bilokationen in der Lage. Auch wenn der Mensch glaubt, sie zu ihrem Schutz einsperren zu müssen, schaffen sie es zuweilen durch den bloßen Wunsch nach Weite und Freiheit an anderen Orten aufzutauchen.

Ein sehr weit entwickelter spiritueller Hund meiner Freunde, die sich trennten, litt so sehr darunter, nur bei dem einen der beiden Menschen nach der Trennung sein zu können, dass er zuweilen bei beiden gleichzeitig körperlich erschien und sie sich telefonisch darüber informierten. Er zeigte großflächig viel helles Violett mit Rosa auf, das an den Rändern in Gold überging.

Menschen, die violette Auren tragen, sind zuweilen zu außergewöhnlichen spirituellen Fähigkeiten in der Lage. Manche jedoch lassen sich durch ihren Verstand blockieren, besonders in westlichen Gefilden, wo man uns einredete, dass wir nicht an mehreren Orten gleichzeitig sein könnten. Unser europäischer Intellekt verbietet es uns. Ein Tier hingegen weiß nichts von solchen angeblichen Unmöglichkeiten. Es fühlt tiefe, ehrliche Verbundenheit zu kosmischen, göttlichen Quellen, sehnt sich infolge seines hochentwickelten Geistes nach Weite und Ausdehnung, wünscht sich diese mit Inbrunst herbei und schon gelingt es ihm an mehreren Orten synchron und absolut körperlich, „materialistisch" zu erscheinen. Solche Phänomene sind bei östlichen Völkern nichts Ungewöhnliches, denn man blockiert die Kinder nicht wie bei uns durch Sätze wie zum Beispiel "Feuer ist heiß, verbrenne dich nicht!" In Sri Lanka habe ich mit Menschen gelebt, die ihren Kindern vorlebten, dass alles geistiger Natur ist. So hielten sie ihre Hände minutenlang über glühende Flammen ohne zu verbrennen. Verinnerlicht ein Mensch das Gesetz von der Gleichheit allen Lebens, nicht nur, was die Wertigkeit betrifft, sondern auch was die Konsistenz angeht, so ist er ebenfalls in der Lage zu leben, was ein spirituelles Tier uns ohne Vorbehalte vorlebt.

Übrigens habe ich an den meisten Hummeln eine tiefblaue ins Violette fließende Aura im normalen gesunden Basiszustand bemerkt, was dafür spräche, das diese kleinen, weichen Tierchen stark an ihren Urquell, der allmächtigen Vergeistigung, angeschlossen sind. Sie sind, nach physikalischen Gesetzen viel zu schwer, um zu fliegen. Jedoch sie wissen es nicht.

Rot

zeigt Aktivität an, Wille und Kraft. Es ist eine sehr starke dynamische Energie. Tiere mit vielen Rotanteilen in der Aura mögen Herausforderungen, den Kampf, die Veränderung, das physische Umsetzen. Sie sind emotionsgeladen und leidenschaftlich. Rot kann sowohl Wut und Zorn ausdrücken als auch Erotik und sexuellen Trieb. Letzterer wird in unterschiedlichen Rottönen in der Aura aufgezeigt, sehr häufig in Rotorange. Leidet ein Tier unter Schmerzen, sehe ich diese in Form von knallroten, teilweise purpurfarbenen Spitzen und mehr oder weniger kleinen oder großen Zacken.

Purpur

Rot steht in Zusammenhang mit Sinnerfahrung, materieller Körperbezogenheit, elementarer Vitalität und Lebensenergie. Tiere, die ihr Leben lang viele Rotanteile in ihrer Aura aufwiesen, sind sehr erdverbunden und haben es schwerer nach dem irdischen Ableben in feinstoffliche, lichtvolle Gefilde überzugehen.

Bei Menschen steht Dunkelrot zum Beispiel für einige negative Attribute wie hitziges Temperament, Tyrannei, Hass, Zorn und zu schnelles Handeln aus emotionellen Impulsen.

Tiere hassen nicht in dem Sinne wie Menschen es tun, denn Menschen können ihr Leben lang bösartige Rachegefühle mit sich tragen und daher negative Aktionen planen. Auch Tiere üben aus "menschlicher Sicht" Rache aus, wenn man bedenkt, wie Elefanten sich nach zig Jahrzehnten an schlechte Behandlung durch einen Menschen erinnern. Sobald sie diesem Menschen wieder begegnen, bewerfen sie ihn mit Kokosnüssen oder trampeln auf ihm herum, um ihn auf jeden Fall zu versehren, falls ihnen die Möglichkeit geboten wird. Ein mir bekannter Hund verletzte eine Elster tödlich, so dass er monatelang von dem anderen noch lebenden Elsterpartner verfolgt und angegriffen wurde. Der Elefant oder die Elster dachten nicht unentwegt an Rache. Sie erinnerten sich in dem Moment an das ihnen widerfahrene Unglück, als sie den betreffenden Menschen oder Hund sahen und drückten durch ihre schnellen, jedoch nicht geplanten Angriffe ihren enormen psychischen Schmerz aus. So bekommt die Aura während ihrer Angriffe durch Schmerz, - auch wenn der Schmerz rein psychisch besteht - lauter rotorangene Stacheln. Auch schießen rote Pfeile aus ihr hervor.

Tiere handeln oft emotional und schnell. Deswegen tragen sie jedoch nicht unbedingt Purpur oder Dunkelrot in ihrer Aura.

Dunkelrot

bedeutet beim Menschen Eifersucht. Natürlich sind auch Tiere eifersüchtig. Fast jeder, der mit mehreren Tieren lebt, kennt dieses Phänomen. Jedoch sehe ich in solchen Momenten bei Tieren im allgemeinen kein Rot. Sie zeigen durch die Veränderung ihrer Aura, ihrer Körpersprache, ihr Verhalten und nicht zuletzt durch tierkommunikatorische Aussagen zwar an, dass sie eingeschnappt sind, leiden und mehr Aufmerksamkeit wünschen, weisen allerdings die differenziertesten Farben dabei auf.

Anders verhält es sich zum Beispiel, wenn ein menschlicher Lebensgefährte eines Hundes, möglichst hundeunerfahren und unsensibel einen anderen fremden Artgenossen - meistens gleichen Geschlechts - ungefragt streichelt und bewundert. Solche Szenen habe ich leider häufig beobachten müssen. Sofort schießen purpurrote Pfeile aus dem eifersüchtigen Hund, wenn er synchron Angriff auf den liebkosten, fremden startet. (Siehe Tafel 10, "Aggressiver Hund")

Hellrot ebenso wie **Leuchtend-Rot** stehen für Vitalität und Lebensenergie.

Feurig-Rot

im wahrsten Sinne des Wortes in sich flackernd und sich in der Aura großflächig ausbreitend wie Feuer bedeutet beim Menschen und beim Tier Reizbarkeit, Aggression, Fieber und Schmerz, Vitalität und gleichermaßen Lebensfreude. Beim Menschen **im Gegensatz zum Tier** jedoch auch emotionale Liebe, leidenschaftliche und sexuelle Liebe.

Beim leidenschaftlichen Geschlechtsakt ist in der menschlichen Aura großflächig Feuerrot und Orange enthalten. Beim Tier sind andere Farben zu erkennen, eher Pastelltöne, rosé, hellblau, hellgelb oder zuweilen auch Gold-/, Blau-/ und Violetttöne.

Feuerrot erkenne ich unter anderen Farben, wenn Tiere wild miteinander spielen.

Leben Menschen hemmungslosen Sex aus, sagt man: „Die treiben es wie die Tiere". Diese Wortwahl scheint mir allerdings syntaktisch völlig verfehlt. Ich war beim tierlichen Geschlechtsakt häufig zugegen. Wie lange und phantasievoll umwerben sich die Tiere! Wie liebevoll gehen sie in den meisten Fällen, besonders, wenn sie sich kennen, miteinander um. Wie sehr bemühen sie sich um Zärtlichkeit und Verständnis für das andere Tier. Manchmal sind die Tiere dabei so sehr psychisch und geistig ineinander und miteinander verschmolzen, das mir die sie umgebende Schwingung geradezu „heilig" erscheint und ich mir dabei grob, derb und völlig Fehl am Platze vorkomme, obwohl ich mich natürlich still verhalte und versuche, die Situation als so fein, lichtvoll und erhaben zu betrachten wie es anscheinend die anderen anwesenden Tiere ebenfalls tun. Solch ein Akt erscheint oft wie ein hochspirituelles Geschehen, bei dem die Tiere in gegenseitiger Liebe mit der All-Liebe zu verschmelzen scheinen.

Natürlich können sich Tiere wie Menschen verhalten. Selbstverständlich gibt es unter den Tieren auch triebhafte „Vergewaltiger", die die

Schwäche einzelner weiblicher Wesen ausnutzen und gleich mit mehreren Männchen sich eines hilflosen Weibchens bedienen, das unter Umständen dabei an ihren Verletzungen stirbt. Im Gegensatz zum Menschen, schaltet das Tier sein Denkvermögen dann völlig aus. Es handelt a-moralisch, erwartet keine negativen Konsequenzen für sich, noch für das Opfer, fühlt weder Mitleid mit ihm, noch fühlt es durch das Leid dieses Tieres seine triebhafte Gier verstärkt.

Es gibt natürlich Züchter, die ihre Tiere schätzen und sie ordentlich behandeln. Bei anderen, wenig tierbewussten Züchtern, kommt es jedoch beim Züchten zu brutalen Vergewaltigungen, ganz zu schweigen davon, wie die Tiere dabei in den meisten Fällen gehalten werden. Kater verbringen oft ihr wenig abwechslungsreiches Leben in Einzelhaft in kleinen Käfigen, weil sie sonst als unkastrierter Kater „spritzen" und damit unangenehm riechen würden. Sie haben seltenst Kontakt zu anderen Tieren oder zur Züchterfamilie. Solche Tiere kenne ich NUR schwer leidend. Beim Vergewaltigungsakt - so verläuft dieser Geschlechtsakt in den meisten Fällen - zeigt ein solches Tier weder Pastellfarben auf noch leidenschaftliches Rot. Der Kater lebt naturgemäß seinen Trieb ohne großartige Begeisterung aus, kaum emotional, und bleibt dabei auramäßig gräulich - bräunlich, nämlich depressiv und desillusioniert. Die Kätzin zum Beispiel sprüht dabei oft vor roten, violetten und orangen Stacheln und Spitzen, die Wut als auch Schmerz anzeigen.

Zartes Rosa

Klares Rosa steht sowohl für persönliche als auch für höhere Formen der Liebe, für selbstlose Zuneigung, sinnliche Zärtlichkeit und auch für mütterliche Liebe und Würde. In tierlichen Auren sind im Gegensatz zu menschlichen Auren sehr viel Abstufungen von Rosé enthalten.

Orange

Im Gegensatz zum Menschen, der oft Orange vorweist, wenn er etwas vortäuscht oder jemanden betrügt, täuscht ein Tier bewusst und aus niederen Absichten nie jemanden, ob zwei– oder mehrbeinig. Die Farbe Orange bedeutet beim Tier, je nach Intensität Aggression, abflau-

ende Wut, sexuellen Trieb oder, wenn das Orange ins Bräunliche ü-
bergeht, Erschöpfung und Müdigkeit. Es weist auf Überforderung hin,
auf Eifersucht und Konkurrenzdenken. Zwei um die Weibchen
rivalisierende Hirsche zum Beispiel zeigen große Stellen von Braunorange auf. Tiere, die zu etwas gezwungen werden wie Reitpferde,
Zirkustiere, Lasttiere etc. tragen ebenfalls aus Erschöpfung oft solche
Farbwolken mit sich herum.

Außerdem kann diese Farbe auch auf den Konsum von Medikamenten
hinweisen. Orange kombiniert Aktivität mit Denkvermögen. Es zeigt
Spannkraft, Entdeckungsfreude, Vitalität, Erregung und Lebendigkeit.

Helles Orange

bedeutet Fröhlichkeit, Positivismus und Mut. Als Tierkommunikatorin
erlebe ich zuweilen ausgesprochen positive Tiere. Gestern erst nahm
ich über ein Foto Kontakt zu einem entschwundenen Hund auf, dem
es zwar relativ gut geht, der jedoch die Hoffnung auf ein Wiedersehen
mit „seinen" Menschen seit zwei Jahren inbrünstig erhofft. Er sandte
eifrig und äußerst interessiert Bilder von dem Ort, wo er nun lebt, um
gefunden zu werden und visioniert bewusst, also ganz beabsichtigt
positive Bilder von seiner Rückkehr. In diesem Fall zeigt die Grund-
farbe der Aura ein leuchtendes Violett, Türkis, Mittelblau auf, was für
einen höchst spirituellen Hund spricht, während im oberen Kopf- und
Schulterbereich Orange-Gelb erschien, als er sich bildhaft wünschte,
zu seinen Menschen zurückzukehren.

Orange vereint die physisch-vitale Energie mit mentaler Aktivität und
ist ausgleichend für Körper und Geist.

Gold – Orange

Wenn Farbtöne mit Gold-Orange bzw. wenn Gold mit Orange auftreten, so ist dies ein Anzeichen für eine spirituelle Verbindung und ein
Einwirken höherer Ebenen. Unter anderem sehe ich diese Farbkombi-
nation bei Tieren häufig, die in einem geistigen Heilungsprozess stehen. Das heißt, entweder heilen sie selbst, was unbewusst geschehen
kann oder sie stehen im Inbegriff einer geistigen Heilung.

Türkis

Tieren, die diese Farbe aufweisen, sind Heilerfähigkeiten zuzuordnen, die sie nicht immer nur unbewusst einzusetzen vermögen. Türkis spricht von innerer Ruhe, Geborgenheit, Vertrauen, Nächstenliebe, Tiefe und Geduld. Es zeigt große Hilfsbereitschaft und die Fähigkeit für andere da zu sein, bedeutet aber auch starke unausgesprochene Liebesbedürftigkeit. Es deutet die Fähigkeit zu beschützen an, ebenso wie den Wunsch von Schutzbedürfnis.

Sehr scheue und reservierte Tiere können allerdings ebenfalls stellenweise Türkis aufweisen.

Braun

weist auf Erschöpfung, Trauer und Krankheit hin.

Diese Farbe hat stark dämpfenden Einfluss auf die aurischen Vibrationen. Es spricht beim Tier ferner von starker Erdgebundenheit und Existenznot.

Während ich beim Menschen viele Untertöne wahrgenommen habe, so fehlten diese beim Tier völlig.

Sattes, kräftiges Grün

Beim Menschen zeigt es im allgemeinen den Wunsch nach Materie und Geld an, bzw. um einen guten Zugang dazu.

Beim Tier bedeutet Grün Naturliebe, Freiheit und Genuss. Es ist die Farbe der Mitte, die sowohl Wohlwollen, Sympathie und Naturverbundenheit anzeigt, als auch das Bedürfnis nach materieller Weite und geistiger Freiheit.

Diese Farbe sehe ich relativ häufig während der Tierkommunikation mit einem gesunden Tier, das diese Art der Verständigung gewohnt ist und keine dringenden Bedürfnisse austauschen möchte. Ich erkenne in solch einem Fall mehrere unterschiedliche, satte Grünschichten meistens mit ein paar Gelbtönen durchzogen.

Hellgrün:

Während diese Farbe bei Menschen unter anderem Geldinteresse, Spielsucht oder allgemein Interesse an weltlichen Gütern darstellt, deutet sie beim Tier auf Harmoniestreben und Ausgeglichenheit hin. Tiere, die gerne zwischen anderen Tieren vermitteln, die sich nicht gut verstehen, tragen oft großflächig Hellgrün als Aureole.

Dieses sanfte Grün habe ich bei Tieren gesehen, die sich von Streitereien unter Artgenossen abwandten. Ich sah es vielfach bei Oberhäuptern von Tiergruppen, die harmoniebedürftig für Ruhe innerhalb ihrer Tierfamilie sorgten. Grün ist eben die Farbe der Balance und des Ausgleiches. Sie steht für individuelles Wachstum. Es finden sich darin die höheren und niederen Ausprägungen der Ichbezogenheit und Ichfindung. Tiere, die heranwachsen, ihre Rolle in einer Menschen– oder Tierfamilie finden möchten und spielerisch versuchen, ihre Grenzen auszutesten, weisen grünliche Stellen in ihrer Aureole auf. Helles Grün steht auch für Anpassungsfähigkeit.

Trübes Dunkelgrün

sieht man bei neidischen oder generell eifersüchtigen Menschen sehr häufig.

Beim Tier habe ich es bisher vermisst bzw. nur äußerst kleinflächig und deshalb relativ unbedeutend aufgefunden. Für ein Pferd, das mit anderen Artgenossen von unterschiedlichen Besitzern in verschiedenen Boxen in einem Stall gehalten wird, wiegt es ungeheuer schwer, wenn die anderen Äpfel als Leckerbissen erhalten, es selbst jedoch nicht, weil der eigene Besitzer sich nicht genug um es kümmert. Schließlich hat bei der heutigen pferdeunartgemäßen Haltung ein Pferd nichts anderes zu tun, als dümmlich in einem Stall herumzustehen, meistens ohne Unterhaltung und Abwechslung. Natürlich leidet das Tier sehr darunter, schlechter als die anderen behandelt zu werden. Es ist dann vielleicht in dem Moment gekränkt, wenn die anderen ihre Äpfel oder Möhren erhalten und weist in diesem Augenblick allerwinzigste Spuren von Dunkelgrün auf. Es kann allerdings auch oftmals kurze orange Pfeile in der Herzgegend aufweisen je nach Temperament, die bald wieder vergehen, wenn es momentan neidisch ist. Jedenfalls ist ein Tier nicht vom Grundcharakter her neidisch oder eifersüchtig, wie es bei Menschen leider all zu oft vorkommt, die unter Umständen stetig mit einer solchen trüben dunkelgrünen Basisaura leben.

Ein Tier trägt niemals eine charakterlich negativ besetzte Grundaura.

Grau

spricht bei Tieren von Traurigkeit, Angst, Trauer, Mutlosigkeit und Depression. Es zeigt den Beginn einer Krankheit an und hat immer einen negativen Einfluss.

Reitpferde, wie bereits erwähnt, weisen leider ausgesprochen häufig gräuliche Farbabstufungen auf. Viele Pferde sah ich grau in grau mit roten Zacken, Pfeilen und Stacheln, die Schmerzen andeuten im - von meinen Eltern gut gemeinten - Reitunterricht bereits als Kind. Übrigens taugte ich gar nicht als Reiterin, weil mir schon damals der Reitlehrer nicht begreiflich machen konnte, warum ich einem hilflosen Tier in den Leib treten und an den ihm angelegten Zügeln zerren sollte. Es schien sämtlichen Reitlehrern zudem völlig unmöglich, mir zu erläutern, wem es nutzen könne, wenn „mein" Pferd mein Gewicht trägt, die ich doch gesund und gut zu Fuß war. Bis heute habe ich nur ein einziges Pferd getroffen, dass mir freiwillig angeboten hatte, meine Last zu tragen. Natürlich waren die Tiere ob solch einem Ansinnen erstaunt und selbstredend fanden sie es "normal", mich zu tragen, wenn ich es wünschte, weil sie ja zu Sklaven abgerichtet waren. Wiederholte ich die Frage und stellte sie vor die Wahl, mein Gewicht tragen zu müssen oder frei zu laufen, sandten sie als Antwort Gefühle und Bilder des Freiseins ohne Bürde. Mir ist natürlich klar, dass manch ein Pferdefreund ein lebenslanges, sehr inniges Verhältnis zu seinem Tier pflegt, mit ihm tierkommunikatorisch interkommuniziert, auf seine Wünsche eingeht, sanftes Reiten beherrscht, das Pferd hegt und pflegt, es an seinem Leben teilnehmen lässt, viel Zeit für es opfert, so dass es sich nicht als Ware, als Sklave abgeschoben von einem Besitzer zum anderen, beritten von verschiedenen Menschen und im Stall einsam lebend fühlt. Solch eine Ausnahme von einem Pferd gestattet aus lauter Liebe relativ gerne einem menschlichen Freund freiwillig aufzusitzen.

Es gab einen Elefanten, zu dem ich eine innige Verbindung hatte, der mich jedoch bat, ohne Holz- oder Eisengestell, aufzusitzen. Und bitte ohne Elefantenpfleger, wohl gemerkt! Diese Last war ihm bereits zuviel. Wenn ich auf Reisen sehe, wie viele Menschen sich gleichzeitig auf ein Kamel setzen oder auf den Rücken von Elefanten, plus schwerem Holz- oder Eisengestell, das die Tiere zudem tragen müssen, brauche ich mir nicht die dumpfe Aura des Tieres anzuschauen, um zu wissen, wie elend sich das Geschöpf in solchen Momenten fühlen muss. Häufig sieht man anhand der Aura, wo die schmerzenden Nervenbahnen entlang laufen, nämlich oft rötlich von der Wirbelsäule bis in das Schwanzende. Die Füße tragen nicht nur immense Lasten, sondern auch die eigentlichen Tönungen, die bei jedem Elefanten gemäß seines unterschiedlichen Wesens anders ausfallen. Zum Beispiel zeigt sich, wenn das Herz traurig ist, eine durchscheinend gräuliche Tönung. Ist der Kopf belastet, erkennt man diese Tönung als opak und matt wirkend. Diese Menschen, die sich tierverachtend verhalten, denken wahrscheinlich, dass diese sogenannten Lasttiere keine lebenden, fühlenden Körper hätten, keine Nerven, die Schmerz übermitteln, dass sie nicht beseelt seien und kein Bewusstsein besäßen.

Viele Reiter behaupten, es sei eine Lust auf dem Rücken der Pferde mit ihnen aus lauter Liebe zu verschmelzen. Wenn sie nur wüssten, wie sie aussehen, wenn sie mit grauaurigen Geschöpfen verschmelzen und damit deren Depressionen, Erschöpfung und Ängste übernehmen! Was der Mensch als Liebe empfindet, erfährt das Tier oft als Zwang und Not.

Außerdem ist es eher ein Vergnügen, mit einem glücklichen, freien Pferd zu verschmelzen, wenn es neben dem „Besitzer" steht oder hergeht, was das Tier wohlmöglich tatsächlich als Liebe annehmen könnte. Ein Pferd, das sich auf Dauer erkannt fühlt und auch tatsächlich von einem Menschen verstanden wird, zeigt sich übrigens extrem liebevoll, sensibel und anpassungsfähig, lässt sich gerne verladen und nimmt durchaus in vielen Bereichen Rücksicht, auch wenn es im Normalzustand noch so wild scheint.

Der Besuch einer Hühnerfabrik, wo die Tiere in tierquälerischer Massentierhaltung mit abgeschnittenen Schnäbeln eingepfercht waren, wirkte auf mich schon wegen der tiefgrauen Auren der allzu depressiven, gequälten Kreaturen erschütternd. Farben, außer rot, oder Transparenz nahm ich an keinem Tier wahr. Zu dem dunklen opaken Grau der eingepferchten Tiere gesellten sich zudem rot aufleuchtende zackige Stellen am gesamten Körper, die von Schmerz erzählten. Es ist kein Wunder, dass Angstattacken eine bekannte Volkskrankheit geworden sind, da man durch das Verspeisen der in den Hühnern enthaltenen Informationen wie Angst, Panik, Schmerz und Tod in sich aufnimmt. Natürlich sind all diese Attribute als Informationen im Tierfleisch enthalten und werden beim qualvollen Tod des Tieres noch um ein Vielfaches potenziert.

Auch Operationsnarben, die den Fluss der Energien und die Bewegung der Chakren, (Organe des Ätherkörpers, auf die ich später marginal eingehe) einschränken oder gar verhindern, rufen gräuliche Aurastellen hervor, die als "Löcher" oder als Kälte erfühlt werden können.

Schwarz

habe ich persönlich noch nicht bei einem Tier in der Aura großflächig erblickt. Das muss absolut nicht heißen, dass es diese „Nichtfarbe" dort nicht gäbe. Das Fehlen jeder Farbe ist gleichsam eine Verneinung des Lebens. Es schließt das Licht des Lebens aus. Bei Menschen würde eine großflächig schwarze Aura geplante Bösartigkeit bedeuten, was bei Tieren nicht vorkommt. Fernkommuniziert habe ich mit Tieren, die vor lauter Unglück und Elend sterben wollten. Es mag sein, dass diese eine schwarze Aura trugen, als sie diesen Wunsch vorbrachten?! Kleinflächig erlebte ich diese Farbe in extrem seltenen Fällen im Zusammenhang mit Grau.

Weiss

enthält alle Farben in ungeoffenbartem Zustand. Weiß zeigt, dass ein latent vorhandenes, großes Potenzial ungenützt und brach vorhanden ist. Von Weiß wird alles Herankommende reflektiert, also zurückgeworfen. Es wirkt wie eine Schutzschicht. Weiß unterlegte Farben deuten auf eine Erhöhung dieser Farben hin. Ich sprach bereits von der hellen, weißen Aura gerade geborener Tierbabys (siehe Tafel 15,

"Katzenbaby"). Gerade neugeborene Menschenbabys habe ich in sehr hellen Pastellfarben gesehen.

Manche Aurasichtige behaupten, dass für sie Gott eine weiße Aura hätte. Avatare, wie Shri Sathya Sai Baba tragen nach Meinung mancher Aurasichtiger eine solch weiße Aura. Die reinen Farben aller Chakren (Organe des Ätherkörpers) vermischen sich und ergeben als additive Lichtmischung das Weiß, das hochentwickelten Seelen zugesprochen wird. Ich persönlich erkannte - wie erwähnt - keinerlei Aura um diesen Avatar, weder einen Äther- noch einen Emotionalkörper.

Silbern

Manche Aurasichtige halten Silbern für die Fortsetzung von weiß, wobei die nächste und höchste Stufe transparent sei.

Ich habe silbernglitzernde Schattierungen in einer Menschenaura gemischt mit weiß oder auch hellgrau häufiger gesehen. Jedoch handelt es sich dabei wieder nicht - wie beim Gold - um das metallische Silbern, was ebenso wie das metallische Gold mühevoll zu erreichen ist und eine unübliche Aurafarbe darstellt. Ich sah es einfach "nur" silbrig glitzern. Viele Auraleser erkennen keinen Unterschied darin, was sehr schade ist, denn silbernes oder goldiges Geglitzer hat keine außergewöhnliche Bedeutung, außer, dass die Aura stärker sprüht und leuchtet als ohne Glitter und damit als sehr gesund und vital gilt.

Metallisches Silber ebenso wie metallisches Gold beinhaltet jedoch eine hohe spirituelle und ethische Bedeutung. Ich sah es bei Tieren nur dann, wenn diese eine bedeutende spirituelle Stufe erklommen hatten oder/und wenn sie bei Meditationen und heiligen Gesängen zugegen waren. Dann formten sich über der Basisaura kleine metallisch silbrige Fleckchen und Pünktchen. Haustiere, die mit sehr spirituell orientierten Menschen leben, weisen häufig solch metallisch silbrige, leuchtende Lichtpünktchen auf.

Das Entstehen der Aura

Je mehr Brillanz und Lichtkraft die Aura eines Tieres durch spirituelle Lebensführung erhält, desto schöner werden die Farben seiner Aura sich entwickeln und desto leichter wird sie zu sehen und zu lesen sein. Ein hochentwickeltes Tier wird vornehmlich transparente, leuchtende, sehr klare Farben aufweisen, die den Eindruck von Harmonie und Schönheit entstehen lassen. Solch ein Tier ist meistens von einem weiten Strahlenkranz aus Licht umgeben.

Natürlich befinden sich im Emotionalkörper nicht nur oben genannte Farben, sondern Myriaden von Schattierungen einer solchen Farbe, von denen wir Menschen nur 140 wahrnehmen können. Es versteht sich von selbst, wie bereits erwähnt, dass die Emotionalaura lebendige, fließende Photonen- also Lichtenergie darstellt, matt oder schimmernd, opak oder transparent wirkend, je nach emotionalem und körperlichem Zustand des Lebewesens, und dass die Farben zuweilen leicht ineinander fließen. Die Aurafarben mischen sich im Moment des Zusammenfließens, so dass die sogenannte additive[*] Farbmischung entsteht - wie farbiges Licht es an sich hat -, denn die Aura ist eine reine Lichterscheinung. Sie ist reine Photonenenergie.

Verwechseln Sie bitte nicht die additive mit der subtraktiven Farbmischung, sonst könnten beim Deuten der Aura unter Umständen Probleme entstehen.

Der Ätherkörper gleicht farbigem, durchscheinendem, durchsichtigem Material, das dehnbar ist und von innen leuchtet. Das scheint das Mystische an der Aura eines jeden Wesens zu sein. Wenn wir jedoch

---

[*]additive Farbmischungen entstehen, wenn farbiges Licht, wie Scheinwerferstrahlen zum Beispiel auf einer Bühne sich miteinander vermischen. Alle Farben, die Primär- und die Sekundärfarben miteinander und gleichzeitig gemischt, ergeben weißes Licht. Weißes Licht ergibt sich auch, wenn zwei Komplementärfarben zum Beispiel blau und gelb miteinander gemischt werden.
Subtraktive Farbmischungen erzeugt man, indem man zum Beispiel die Farben eines Wassermalkastens miteinander mischt. Alle Farben miteinander und gleichzeitig gemischt ergeben dunkle Braun - Grautöne

von dem Nachweis der modernen Physiker ausgehen, dass Materie nahtlos in Geistenergie überfließt, was spirituelle Menschen schon seit Tausenden von Jahren predigten ohne wissenschaftliche Beweise vorlegen zu können, und das gesamte Universum geistiger Natur ist, wird uns eher begreiflich, warum wir als Geistwesen von *innen heraus* farbig leuchten. Wir haben eine uns umgebende, aus uns selbst herausleuchtende Aura, WEIL wir Geist sind. Wir sind nämlich das Licht, wir sind Geist! Je eher wir begreifen und vor allem verinnerlichen, dass wir geistiger Natur sind, umso leichter fällt es uns, unsere durch die Gesellschaft indoktrinierten Blockaden abzustreifen und die Aura unseres Tieres zu erkennen.

„Ich bin Licht, ich bin Wahrheit" wird in uralten heiligen Schriften unterschiedlicher Religionen oder Philosophien wiederholt betont. Nirgendwo steht geschrieben, dass wir ausschließlich aus reiner Materie bestehen und von außen angestrahlt werden müssten, um mehr oder weniger zu erstrahlen.

Wenn ein Raum vollkommen lichtleer, also absolut dunkel ist, erkennt man keinerlei Gegenstand oder Farbe, denn die Farbe wird ja mittels Lichtfrequenzen erzeugt. Da wir alle Zellen des unendlichen Kosmos sind, ist es kosmisches Licht, das aus uns heraus strahlt, aus dem wir bestehen und mittels dessen wir kontinuierlich neu aufgeladen werden müssen, wie weitere Ausführungen belegen.

Die Aureole eines jeden Lebewesens leuchtet ohne äußere Hilfsmittel im stockdunklen Raum sehr deutlich. Das werden Sie feststellen, haben Sie erst einmal gelernt, die Aura zu erschauen. Sie strahlt ohne die Hilfe von glühenden Himmelskörpern oder sonstigen materiellen Energiequellen. Wieder ein Beweis, *dass wir das Licht selbst sind.*

Bei den vorangegangenen Ausführungen gehe ich stets davon aus, dass eine aurasichtige Person das Leuchten oder Strahlen einer Aureole sieht. Natürlich ist die Aura eines jeden Geschöpfes auch per Kirlianfotografie nachzuweisen.

Der renommierte deutsche Biophysiker Prof. Fritz Albert Popp bewies, dass jede einzelne Zelle im tierlichen, pflanzlichen und menschlichen Organismus Licht in unterschiedlichem Umfang abstrahlt. Seine Forschungen übermitteln sehr interessante und gute Ansätze zu physikalischen Erklärungen der Geschehnisse beim Sehen der Aura, sowie beim Farb- und Geistheilen. Er befasste sich besonders mit der Ernährung und deren Folge bezüglich der Photonenausstrahlung des Körpers. Inzwischen befassen sich unzählige Forschungsgruppen weltweit mit dem Thema "Licht im Körper" und "Der Körper als reine Geistenergie".

Haben wir einmal unseren gemeinsamen geistigen Ursprung, unsere gemeinsame Heimat mit den Tieren erkannt, erscheint die Tatsache, dass wir menschliche Zweibeiner andere vierbeinige, sechsbeinige, auf jeden Fall der Form nach andersartige Geschöpfe aufessen, sehr bedenklich. Wir ALLE sind unserem Urquell entsprechend Lichtenergie, reine Geistenergie. Im Hebräischen bedeutet Licht gleich Heiligkeit oder heilig sein. Interessant erscheint der Umstand, dass viele Menschen das Licht unbewusst im toten Körper eines zumeist vierbeinigen „Heiligtums", eines Tieres, das sie verspeisen, zu finden hoffen. Stattdessen könnten sie nach innen schauen und dort das Licht und ihre „Heiligkeit" suchen, sich mehr dem Tageslicht aussetzen oder Licht speichernde Pflanzen essen.

In unserer Kultur tötet man vornehmlich die Tiere, die vom Charakter her die sanftesten und gütigsten sind. Die, die meistens die wärmste und leuchtendste, sauberste (ohne viele Einschlüsse, ohne opak und dicht zu wirken) und äußerst transparent erscheinende Aura aufweisen, nämlich unsere sogenannten Schlachttiere. Diese ernähren sich rein vegan. In ihren Zellen ist natürlich die Information von Chlorophyll gespeichert, aber auch die des Leides, der Not, der Verzweiflung, des Todes. Die lebenswichtige Photonenenergie ist jedoch kaum auszumachen.

Hunde, Katzen, Löwen, Tiger zum Beispiel, also Tiere, die Reißzähne und einen kurzen Darm aufweisen, und daher das gefressene Fleisch gut zerlegen und verdauen können, verspeisen wir Menschen im allgemeinen nicht. Unbewusst erhoffen sich Anhänger des toten Tierfleisches vielleicht den gütigen, edlen Charakter dieser Tiere zu erwerben, so wie sich afrikanische Stammesfürsten Raubtierfelle umhingen, um die Kraft dieser Tiere dadurch zu gewinnen. Tatsache ist, dass fleischessende Menschen, und das *ist der Punkt* bezüglich dieses Buches und insbesondere dieses Kapitels, unbewusst durch das Verzehren von vegan lebenden Wesen, Lichtenergie zu sich nehmen. Sie beeinflussen somit zum Teil die Entstehung ihrer Aura. Nehmen Lebewesen überhaupt keine Photonenenergie zu sich, sterben sie.

Und damit sind wir wieder bei dem Lichtphänomen Aura. Dr. George Crile (1864-1943). aus Cleveland verkündete am 17. Mai 1933 vor einer Versammlung von Medizinern in Memphis: „Alles, was wir essen, ist Strahlung. Diese überaus wichtige Strahlung, welche die für den elektrischen Stromkreislauf des Körpers – d.h. für das Nervensystem – notwendigen elektrischen Ströme erzeugt, wird der Nahrung durch die Sonnenstrahlen zugefügt. Atome, so behauptet Dr. Crile sind Sonnensysteme. Sie sind Energieträger, in denen die Sonnenstrahlung gleich zahllosen gespannten Federn aufgespeichert ist. Die zahllosen Träger der Atomenergie werden von uns als Nahrung aufgenommen. Wenn sie dem menschlichen Körper einverleibt werden, entladen sich diese straffen Behälter – die Atome - und gehen in das körperliche Protoplasma ein, wo die Strahlung neue chemische Energie, d.h. neue elektrische Ströme erzeugt. Unser Körper setzt sich aus diesen Atomen zusammen. Sie bilden unsere Muskeln, unser Gehirn und unsere Sinnesorgane... Augen, Ohren etc..... "Eines Tages wird die Wissenschaft Methoden entdecken, die es dem Menschen ermöglichen, direkt von Sonnenenergie zu leben. Chlorophyll ist der einzige bekannte Stoff in der Natur, der aus irgendeinem Grunde die Macht besitzt, als Sonnenlichtspeicher ‚zu fungieren", schrieb William Laurence[*] 1944 in der New York Times. „Es fängt die Energie des Sonnenlichts auf und speichert sie in der Pflanze. Ohne diesen Vorgang könnte überhaupt kein Leben existieren. Die Energie, die wir aus der Kohle und dem Öl gewinnen, ist Sonnenenergie, die das Chlorophyll vor Millionen von Jahren eingefangen hat. Wir leben also durch Vermittlung des Chlorophylls von der Sonne. Wir erhalten die lebensnotwendige Energie von der Sonnenenergie, die in der pflanzlichen Nahrung aufgespeichert ist, oder *aus dem Fleisch der pflanzenfressenden Tiere.*"

Zurück zu den gegensätzlichen, an der Aureole zu erkennenden Verhaltensweisen von Mensch und Tier. Wesentlich ist die Art, wie Men-

---

[*] William Laurence, 1905–1977, wissenschaftlicher Journalist, gewann 1945 den Pulitzer Preis

schen – trotz des Wissens um die Ethik dieser Sache – sich anderen Lebewesen gegenüber verhalten, was sich in ihrer Aureole widerspiegelt.

Wenn Tiere andere Tiere fressen, handelt es sich um einen reinen Trieb, der diesen Geschöpfen nicht bewusst ist, der kein schlechtes Gewissen zulässt und dementsprechend in der Basisaura als auch in der Emotionalaura aurisch klar, transparent und hell wirkt. Gesunde freilebende Tiger zum Beispiel, die sich nur vom Fleisch vegetarisch lebender, meist gerade getöteter, Tiere ernähren, erstrahlen in leuchtender Lichtpracht. Ein freier Aasgeier weist, obwohl er sich tatsächlich hauptsächlich von Aas ernährt, eine reine farbfrische Aura auf, sofern er dem Tageslicht ausgesetzt ist, denn diese Tiere leben ihren Organen und ihrer Art gemäß. Bei Menschen handelt es sich nicht um einen angeborenen Trieb, sondern um Gewohnheiten oder um Süchte. Jedem ist heute durch Massenmedien, durch die Schulbildung, durch zahlreiche Aufklärungen bekannt, wie grauenvoll die Tiertodestransporte oder die Tötungspraktiken international sind.

Ist es nicht unästhetisch, davon abgesehen, dass es nachweislich ungesund ist, sich den von Sekunde zu Sekunde verwesenden Körper unserer sich vegan ernährenden Mitgeschöpfe einzuverleiben? Unser menschlicher Körper ist als Fruchtesser gebaut. Deshalb dauert es so lange, nämlich 24 Stunden, bis ein in Verwesung begriffenes totes Stück Tier im menschlichen Körper aufgrund des langen Darmes verdaut wird.

Bei einem Tier, das Fleisch frisst, verläuft dieser Vorgang wesentlich schneller aufgrund des kurzen Darms. Aber es geht hier nicht um die Ästhetik des Gefühls, sondern um die der Aura. Vielleicht empfinde ich den Vorgang auch deshalb als unästhetisch, weil ich sehe wie die Aura eines Menschen sich im Verlauf von Fleischgenuss verändert - im Gegensatz zur Aura eines Tieres. An der Aura des fleischfressenden Tieres nehme ich keine auffälligen Veränderungen in der Form und der Konsistenz wahr. Je satter es wird, umso mehr Müdigkeit zeigt sich an der veränderten Farbe der Gloriole, was jedoch natürlich ist. Hat ein Mensch sich über längere Zeit überwiegend von Säften, Obst, Gemüse, Süßigkeiten etc. ernährt, und isst er plötzlich wieder Fleisch, nimmt sein Körper natürlich für ihn unpassende Informationen auf, die sofort, noch während des Essens, eine entsprechende Aura entstehen lässt.

Diese wird opaker als vorher, einen Deut trüber und zieht sich zusammen, wirkt also von der Form und Konsistenz her deutlich kleiner und damit schwächer. Dieser Zustand hält nicht nur 24 Stunden an, bis die Nahrung verdaut wird. Es braucht mehr Zeit bis alle düsteren, negativen Informationen aus den Zellen verschwinden.

An der Aura des fleischfressenden Tieres nehme ich keine auffälligen Veränderungen bezüglich der Form und der Konsistenz wahr. Je satter es wird, umso mehr Müdigkeit zeigt sich natürlich an der Farbe der Gloriole, was völlig normal ist. Die ursprüngliche Grundaura erscheint einen Hauch trüber innerhalb der jeweiligen Farbe, genau wie beim Menschen auch.

Die Existenz der Biophotonen-Strahlung ist international anerkannt. So liefert die Biophotonen-Messung, die Prof. F. A. Popp durchführte, beispielsweise erstmals ein eindeutiges Kriterium dafür, ob ein Hühnerei unter Freilandbedingungen oder in einer Legebatterie erzeugt wurde. Statt des Eies aus der Hühnerfabrik könnte man aus gesundheitlicher Sicht, aufgrund der fehlenden Photonenenergie, auch Pappmaché verspeisen. Ähnlich verhält es sich mit totem Fleisch. Gesunde, biologisch erzeugte Lebensmittel wiesen eine deutlich höhere Biophotonen-Strahlung auf als Treibhausware und verändern entsprechend die Aureole, die Photonenausstrahlung, von uns Menschen als auch die unserer Tiere. „Die Biophotonenforschung gab uns die Möglichkeit zu erkennen, ob ein Nahrungsmittel gesund und vital und damit für uns »förderlich« ist, oder ob es in seiner Struktur schwach, krank oder - weil sein inneres Ordnungssystem schon in einem chaotischen Zustand ist - sogar schädigend ist....Wenn wir uns von entwerteten Pflanzen und unglücklichen, geschockten Tieren ernähren, bekommt der Körper andere Informationen als von Lebensmitteln, die sich in einem gesunden Kreislauf befanden"[*]

Ich nehme an, dass auch deshalb die Aureole von gesunden fleischfressenden Tieren im allgemeinen viel glänzender, weiter und sauberer erscheint als die von fleisch- also aasessenden Menschen. Der Termi-

---

[*]„Die Botschaft unserer Nahrung", Prof. Popp, Verlag Zweitausendeins)

nus „Aas" mag manchen Leser erstaunen oder schockieren, sind wir doch gewohnt, solche Nahrungsmittel mit neutralen Ausdrücken zu verschleiern. Es geht hier jedoch um die Entstehung der Aura. Unsere Nahrung spiegelt sich unverhohlen in der Aura wider und die Aureolen von Fleischessern sind manchmal viel erschreckender, als derartige Begriffe es je sein könnten. Ohne Lichtnahrung, in welcher Form auch immer, kann sich keine Aura entwickeln. Es ist eine Tatsache, dass es kein „frisches" totes Fleisch gibt, auch wenn neuerdings Schlachthöfe oft Frischezentren genannt werden. Totes Fleisch, ob im Kühlschrank oder bei Zimmertemperatur aufbewahrt, verwest von Sekunde zu Sekunde und wird zu Aas. Schon aufgrund des unnatürlich langen Verwesungs- bzw. Verdauungsprozesses im menschlichen Körper, im Gegensatz zu dem eines Aasgeiers, muss der Vorgang Auswirkungen auf die Leuchtkraft, die Zusammensetzung und die Form der menschlichen Aura haben.

Das ist bedeutsam, nicht nur, weil unser menschlicher Körper Probleme hat, solche Stoffe zu verdauen, sondern auch, weil wir es im Gegensatz zum Tier bewusst tun und damit psychische Prozesse auslösen, die innerhalb unserer Lichtausstrahlung sichtbar werden.

Deshalb ist es auch sehr wichtig, unsere Tiere mit Nahrungsmitteln zu füttern, die selbst frisch sind und demnach eine kraftvolle Photonenstrahlung aufweisen, ihnen frische Luft zu gönnen und mit geistigen Lichtenergien zu versorgen. Besonders, wenn Tiere sehr jung zu uns kommen und sich die Aura noch im Entwicklungsstadium befindet, können wir auf die Entstehung der Basisaura ein wenig Einfluss nehmen. Viele Tierärzte empfehlen unseren Hunden und Katzen viel Gemüse zu verabreichen und nicht zuviel Fleisch. Je mehr Licht wir Lebewesen zu uns nehmen, umso weiter, gesünder und schöner erstrahlt unsere Gloriole.

Eine gut sichtbare Aura kann zum Beispiel bei Kälbchen *nicht* entstehen, geschweige denn sich entwickeln, die neugeboren ihrer Mutter entzogen und in kleine, dunkle Boxen oder Kisten gesperrt werden. Das geschieht üblicherweise in sämtlichen „normalen" Mastbetrieben, weil die deutsche Hausfrau weißes Kalbfleisch wünscht. Meistens bekommen die Tierchen nicht einmal lichthaltige Nahrung, sondern ihre Exkremente gemischt mit anderen Inhaltsstoffen und viel Salz, damit sie diese auch reichlich trinken. Sie würden eh schnell ohne photo-nenhaltige Nahrung sterben, wenn sie nicht nach kurzer Zeit getötet würden.

Ich betone häufig den Terminus „bewusst". Werden kleine Menschen-kinder oder zum Beispiel Kühe, wie im Fall von BSE, mit dem toten Fleisch anderer Lebewesen gefüttert und sind sie sich nicht bewusst, was sie essen, hat die Ernährungsweise, was die psychische Kompo-nente betrifft, keinen Einfluss auf die Photonenausstrahlung derjeni-gen Wesen. Die psychische Seite ist also im Fall der Ernährung und der entsprechenden aurischen Strahlung außerordentlich zu beachten. Natürlich treten durch den Nahrungsgenuss diversen Tierfleisches bei ursprünglichen Frucht– oder Gemüseessern, wie bei Menschen und zum Beispiel Kühen, gesundheitliche Schäden auf, die später auch an deren Aura zu erkennen sind, wie Prof. F. A. Popp belegt.

Ich betone noch einmal: Je intensiver Sie, lieber Leser, sich bewusst werden, dass Sie ein Lichtstrahlenwesen sind, umso deutlicher, leich-ter, schneller und unkomplizierter werden Sie die Strahlen um den Körper Ihres Tieres herum wahrnehmen.

In meinen Workshops stelle ich fest, dass Menschen, die sich selbst als geistige Kreaturen oder als Strahlenwesen empfinden und versu-chen, keine Trennung zwischen den Wesen zuzulassen, viel schneller lernen, die Emotionalaura ihres Tieres deutlich zu sehen als die, die sich als rein materielle Wesen betrachten.

Ahmed Hulusi erläutert: „Demnach müsste also der Kosmos, der ins-gesamt aus zahllosen Dimensionen, Strahlen und Quanten gebildet wird, oder die im Kosmos enthaltenen Kosmen, könnte man sie durch ein geeignetes Wahrnehmungsinstrument für diese Dimension be-trachten, als ein einziges, homogenes Wesen erkennen! Ja, es besteht nur ein einziges Wesen. Und in Wahrheit stehen alle Teilchen, alle Quanten untereinander in Beziehung. Eine jegliche Konzentration oder Aktivität bewirkt an einem von uns nicht bedachten Punkt gänz-lich unterschiedliche Reaktionen und setzt sie in Bewegung. Im Kos-mos gibt es keine unabhängig voneinander lebenden Wesen.

Und das, was wir als *Traum* bezeichnen, ist dieses aus Strahlen gebildete Gefüge!... *In Wahrheit sind auch wir Strahlenwesen*. Doch da wir leider noch an die Wahrnehmungsmechanismen unserer fünf Sinne gebunden sind, können wir im Moment diese Wirklichkeit nicht leben!"*

---

* Ahmed Hulusi: Allah, wie ihn der Prophet Muhammed erläutert, Kitsan Verlag, North Carolina, 1965

Die Aura nach dem Ableben

des Tieres

Auch nach dem körperlichen Ableben eines Tieres ist diese Ausstrahlung noch zu sehen und zu fühlen. Allerdings sieht man sie nicht mehr in den unterschiedlichsten Farben, die die Aura ausmachen, von der in diesem Buch vornehmlich die Rede ist, die ja - wie gesagt - eine Momentaufnahme der Psyche und der Emotionen darstellt. Man erschaut den Teil der Aureole, den ich „grundsätzliche Aura" oder Basisaura nennen möchte, weil er als recht farbloser Lichtstrahl bei der Geburt eines jeden Wesens und als relativ unbunter Schein kurz nach dem Tod in Erscheinung tritt.

Diese Basisaura entwickelt deutlichere Farben, sobald das Tierbaby unabhängig von der Muttermilch ernährt wird, dem Tageslicht ausgesetzt ist, wächst und charakterliche Züge aufweist. Sie kann zum Beispiel grundsätzlich rosa beinhalten, weil der Grundcharakter eines Tieres liebevoll, offen und zärtlich scheint. Leidet das Tier irgendwann mal unter Schmerzen oder anderen Gefühlen, gesellen sich auch andere Farben hinzu, aber wohlgemerkt als Momentaufnahme. Je mehr die Zeit vergeht, umso „einfarbiger" erscheint die Aura nach dem Ableben des Körpers, umso deutlicher verblassen noch zu Lebzeiten vorhandene Gefühle. Wird das Tier ermordet, sieht auch die Aura noch einige Zeit farbig aus wie auf Tafel 13 "Sterbender Hund", weil das Tier geistig noch nicht begriffen hat, dass der Körper ausgelebt ist, es noch denkt und psychisch wie zu Lebzeiten fühlt.

Stirbt es eines natürlichen Todes bzw. wird es gnädig durch Menschenhand von Schmerzen erlöst und mit Gedanken und Worten auf sein spirituelles Weitergehen vorbereitet, so erscheint die Aura wie ein lichter, meist hellgelber Schein, der sich früher oder später vom Körper löst und unserer menschlichen Sicht gemäß nach „oben" gleitet. Natürlich gibt es gemäß der Relativitätslehre weder Raum noch Zeit. Die unterschiedlichen Schichten der Aura sind nicht als solche „räumlich" auszumachen. Die menschliche Verbalsprache gibt leider kaum wieder, wie ein aurasichtiges Wesen die Aura sieht, jedoch finde ich es immer wieder faszinierend festzustellen, wie lichtvoll alte Meister, zum Beispiel Dürer, die Auferstehung malten. Es ist interessant, welche Auren persische, indische oder japanische alte Miniaturkünstler im 17. und 18. Jahrhundert Buddha gaben beim Eintritt in das Nirwana, wie sie den weiß-gold-gelben Übergang Mohammeds in das Jenseits, als der Erzengel Gabriel ihn zur Himmelfahrt abholte, darstellten. Ebenso interessant ist, wie moderne Regisseure zum Beispiel Spielberg im Film „Nachricht von Sam" die helle, fast einfarbige, leuchtende Aura eines gestorbenen „guten" Menschen „gen Himmel" fahren lässt, während er die trübe, schwarz-gräuliche Aureole als recht opaken „Lichtschein" des gestorbenen Bösewichts erdgebunden im Hier und Jetzt auf unserer uns bekannten Ebene verbleiben lässt. Wie im „richtigen" Leben werden mit Farbe und Pinsel auf Leinwänden oder mit Spezialeffekten in Filmen die Aureolen der Darsteller von anscheinend hellsichtigen, zumindest sehr gut informierten Malern und Filmemachern aufgezeigt.

Lichtwesen, Engel, geistige Führer, Devas oder wie immer man sie nennen mag, werden in ihrer reinsten Aura, als Gloriole selbst, als fließende, in sich vibrierende Lichterscheinung oft in Kegel- oder Ovalform dargestellt, die hilfreich einem Wesen zur Seite stehen. Sind Sie, liebe Leser, einmal geübt im Aurasehen, ist es nur ein winziger Schritt, bis Sie auch die Entitäten wahrnehmen, die unseren Tieren oder auch uns selbst Schutz und Hilfe zukommen lassen, nämlich die Liebeslichtenergiekugeln. Tafel 3 „Zwei Mischlingshunde" zeigt zwei Tiere, deren Aura, während einer gemeinsamen Meditation mit Menschen, mit solch einer, im Hintergrund zu erkennenden, Energiekugel zu verschmelzen scheint.

Die Aura von Tierbabys

Ganz junge Babys, menschliche als auch tierliche, weisen nach ihrer Geburt im allgemeinen eine ganz helle, weiß schimmernde Aura auf als Zeichen dafür, dass alle Eigenschaften in ihnen vorhanden sind, die sich für Sekundenbruchteile in allen möglichen Farben des gesamten Spektrums zeigen und sogleich in ihrer additiven Mischfarbe, dem Weiß, erscheinen. Eine helle, weißliche Aura ist also kein Zeichen für vermeintliche Unschuld, in dem Sinn wie wir Menschen Unschuld verstehen. Die Tieraura zeigt Anlagen des angeborenen Charakters. Sie zeigt ebenfalls Möglichkeiten verschiedener Fähigkeiten auf und schließlich zeigt sie bei Tieren, die bereits Erlebnisse guter oder schlechter Natur hinter sich brachten, auch solche auf, die sich in Form von Angststrukturen, Aggressionen, Hingabe, Leidensdruck, Zutrauen, Kontaktfreudigkeit, Liebe etc. zum Ausdruck bringen.

Erst wenn das Tierbaby heranwächst, deutlich Vorlieben und Abneigungen entwickelt und allmählich unverwechselbare Charaktermerkmale aufweist, die unter anderem durch die unterschiedlichsten Arten von Gefühlen entstehen, sind Farben in der Basisaura zu erkennen, die sich – wie bereits erwähnt - durch unterschiedliche Emotionen stetig verändern können. Es sind also von Anbeginn an alle möglichen Charaktervorzüge oder –Schwächen in den winzigsten Babys enthalten.

So ist es zu verstehen, dass zum Beispiel Hunde durch liebevolle und artgemäße Haltung und Behandlung zum reinsten Schmuseschäfchen heranwachsen, dennoch oder gerade deshalb ihren Besitzer schützen und andererseits sich zur aggressiven, beißenden Kreatur entwickeln, wenn sie ohne Liebe eines Menschen, vielleicht sogar mit kriminellen oder psychisch gestörten menschlichen Kreaturen aufwachsen müssen.

Natürlich bestätigen Ausnahmen wie immer die Regel und natürlich sind bestimmten Tierspezies auch bestimmte Charaktereigenschaften besonders zu eigen. Zumindest sagt der Volksmund: Hunde seien angeblich besonders treu, Esel dickköpfig, Elefanten vergäßen nie etwas, Spinnen seien ausgesprochen intelligent, Schweine besonders sensibel, Katzen von ihrer Wohnung und nicht vom Menschen abhängig

und so könnte man fortfahren. Lebt ein Mensch mit Tieren und interkommuniziert er gar mit ihnen, sieht die Sache allerdings oft anders
aus und die Syntax dieser Sprichwörter verwischt sich miteinander.

Die grundsätzliche - oder Basisaura

Zurück zur „grundsätzlichen" Basisaura, zu der ich zum besseren Verständnis noch ein paar Sätze in Form eines Beispiels hinzufügen möchte. Ich persönlich sehe eine Aura nur, wenn ich es wünsche. Gott sei gedankt ist mir das Schicksal erspart geblieben automatisch und bei jeder Gelegenheit - wie es bei wenigen aurasichtigen Menschen, jedoch bei allen Tieren der Fall ist - die Aura, und damit auch einen Teil des Charakters des jeweiligen Lebewesens zu erkennen. Gerne würde ich die Aura der wunderbaren Tierseelen automatisch und immerzu wahrnehmen können, obwohl auch das belastend wäre, wenn ich Not sähe und nicht helfen könnte.

Stellen Sie sich jedoch einmal vor, Sie bekämen den Neid mit, die Missgunst, den Groll, die Depressionen, die Perversionen, die Verbitterung, die Eifer-, Geld-, Zigarettensucht, die Bösartigkeit und die geistige Armut ihrer Mitmenschen auf der Straße, in der Straßenbahn, im Flugzeug oder bei sonstigen Gelegenheiten. Und glauben Sie mir, wenn ich mich darauf einstelle und mir bewusst die Aura der meisten mich umgebenden Menschen anschaue, sehe ich bei Weitem mehr negative Züge als positive, was bei Tieren nicht vorkommt. Ich möchte an manchen Tagen und bei bestimmten Gelegenheiten auch nicht meine eigene Aura anschauen müssen, denn schließlich bin ich nur ein normaler Mensch, muss an einigen Charaktereigenschaften noch sehr arbeiten und bin somit leider seelen- und auramäßig nicht mit der Erhabenheit, der Herrlichkeit und der Klarheit eines Tieres zu vergleichen.

Die „grundsätzliche" oder Basisaureole ist die Lichtschicht, die sich mir einblendet, wenn ich nach dem Charakter und der spirituellen Entwicklung eines Wesens schaue, die also stetig vorhanden ist und die sich zuweilen ein ganzes Leben lang unverändert hält.

Die emotionale Aura ist die Lichtebene, die ich sehe, wenn ich mir die momentanen Gefühle einer Kreatur anschauen möchte. Sie zeigt sich folglich als Momentaufnahme. Wünsche ich die Chakren, die Organe des Ätherkörpers, zu beobachten, blenden diese sich ebenso automatisch ein. Ich bin nicht in der Lage, dem Leser zu beschreiben, wo sich diese Ebenen befinden, ob und wie über- oder untereinander, zumal der Begriff „Ebene" viel zu räumlich klingt für das, was ich sehe.

In diesem Buch beschreibe ich dem Leser die Schichten, die Farbe aufweisen und bestimmte Symbole beinhalten, mit deren Hilfe, wenn er sie deutet, Tiere durchaus besser verstanden werden und ihnen geholfen werden kann. Die Ebenen, die es innerhalb der Basisaura ebenfalls gibt, die als farblose, reine unterschiedliche Muster und gräuliche Strukturen zu erkennen sind, erläutere ich in diesem Buch nicht, denn sie sind schwieriger auszumachen und dienen nicht unbedingt und zusätzlich dem Zweck, unseren Tieren Beistand zu leisten.

Die Formen der Tieraura

Die Formen der tierlichen, wie auch der menschlichen Aura gleichen einem Lichtei. Die Aura oder der Ätherkörper dehnt sich aus je nach Intensität der freigesetzten Emotionen. Scheue und ängstliche Tiere weisen oft eine weniger ausgedehnte Aura auf als Tiere, die sich sicher fühlen und sich wagen, ihre Gefühle deutlich zu zeigen. Eine scheue freilebende Katze, die ich wegen einer Verletzung einfing und im Haus behielt, säugte ihre Jungen zwar mit liebender, warm goldig schimmernder, hellrosa Aura, wenn ich zugegen war. Verließ ich jedoch den Raum und fühlte sie sich unbeobachtet, was sie nicht immer war, wuchs ihre Aura um das Doppelte und nahm eine etwas tiefrosane Farbe, die Farbe der Liebe an, von einem goldenen Rand leicht transparent umgeben, die sie sich zunächst nicht traute, mir zu zeigen.

Natürlich gibt es unter unseren tierlichen Artgenossen introvertierte und extrovertierte Wesen. Diejenigen, die gerne auf andere Tiere oder Menschen zugehen, spielen, schmusen oder angreifen möchten, weiten ihre Aura in diesen Momenten sehr, wobei zurückgezogene tierliche Wesen nur ein schmales Lichtei um ihren physischen Körper herum zeigen.

Welche Größe der Emotionalkörper einnimmt hängt proportional von der körperlichen Größe des Tieres ab. Natürlich ist der Emotionalkörper eines Regenwurmes viel weniger groß als der eines Elefanten. Mir ist aufgefallen, dass sich das Emotionalfeld eines Tieres im allgemeinen wesentlich stärker und weiter ausdehnt, als das eines Menschen, wahrscheinlich weil der Mensch seine Gefühle oft durch seinen Verstand blockiert.

Normen gibt es nicht, was die Größe der Form betrifft. Anhand der beigefügten Tafeln ist die Größe der Aura bei verschiedenen Tierarten zu ersehen, so wie ich sie persönlich erlebte.

Nach dem irdischen Tod des Tieres löst sich die rein emotionale Aura erst auf, wenn die Seele den Körper verlässt, wenn sie sich in andere Bewusstseinszustände begibt, was bei einigen Tieren sehr schnell, noch am selben Tag des Todes geschieht, bei anderen, je nach Erdverbundenheit später passiert.*

Natürlich sieht die Aura hinten anders aus als vorne, oben anders als unten wie die Farbtafeln belegen, denn eventuelle Störungen an entsprechenden Organen stehen für unterschiedliche „Krankheiten". Krankheiten stehen jedoch immer für Disharmonien im emotionalen Bereich. Die Aura ist wahrscheinlich der Schwerkraft unterworfen, weil der tierliche Körper es auch ist. Er wird aus den Gründen zusammengehalten, aus denen der „materielle" Körper während seiner Lebenszeit zusammengehalten wird, nämlich aus Gründen der Zentrifugalkraft, der grobstofflichen und feinstofflichen Systeme des Körpers. Unter feinstoffliche Systeme verstehe ich meditative, metaphysische Bewusstseinszustände, denen das gesamte All unterliegt.

Die Aureole des Tieres ist an den äußeren Seiten im allgemeinen dichter als der Aurarand des Menschen, der sich nur langsam zum Mentalfeld hin abgrenzt. Das mag daran liegen, dass Tiere stärker emotional geprägt sind als Menschen und sich deshalb der Unterschied vom Emotionalkörper zum Kausalkörper deutlich als Abgrenzung zeigt. Die Aura mancher Tiere sehe ich eingebettet und abgegrenzt als farbiges durchscheinendes Band, sofern ich mir die Aura als zweidimensionales Gemälde anschaue. Betrachte ich sie ganzheitlich im plastischen Sinne, erkenne ich etwas wie eine unterschiedlich farbige, transparente, dehnbare Schutzfolie um die anderen Farben herum. Diesen gerade beschriebenen Zustand einer Aura habe ich interessanterweise hauptsächlich bei Haustieren festgestellt, die mit spirituellen Menschen gemeinsam leben und meditieren.*

Ich nehme an, dass es sich dabei tatsächlich um den Schutz handelt, den diese Menschen schützend um ihre Tiere visualisierten, denn emotionaler als freilebende Tiere sind unsere Haustiere nicht. Jedenfalls bestätigten die zweibeinigen Lebensgefährten dieser Tiere, dass sie mindestens schon einmal um Schutz für ihre Tiere gebetet haben. Teilweise bestätigten sie, dass sie regelmäßig ein Schutzschild um ihr Tier herum visualisierten.

---

* Zum Thema „Meditation mit Tieren" greife man bitte auf mein Buch „Mit Tieren kommunizieren" Silberschnur Verlag zurück

Leider fand ich keine Literatur, die sich mit der tierlichen Aura beschäftigt. Die menschenaurasichtigen, zum Teil sehr auf diesem Gebiet bewanderten und renommierten Auraleser, die ich während vieler Jahre in aller Welt zwecks Informationsaustausch ansprach, beschäftigten sich ausschließlich mit der menschlichen Aura, so dass ich zuweilen auf Vermutungen und intuitive, meditative Eingebungen angewiesen bin. Wenn es sich nicht gerade um eine wilde, wieder schnell aus meinen Augen verschwundene Tierherde handelte, hielt ich Kontakt zu dem jeweiligen Tier und dessen "Besitzer" und konnte in Ruhe die Basisaura mit der Emotionalaura verschiedener Tiere über Jahre hinweg vergleichen, mit ihnen interkommunizieren oder seinen Menschen nach seinem Charakter etc. befragen. So entstand im Laufe der Jahre ein Bild, wie die tierliche Aura der Farbe und Form nach zu interpretieren ist.

Wenn mir menschenaurasichtige Leute, teilweise recht renommierte in ihrem Fach mitteilen, dass zum Beispiel das Herzchakra eines Tieres grundsätzlich mintgrün ist, weil es bei dem Menschen so sei und Tiere prinzipiell die Stimmung und Krankheit eines Menschen übernehmen, muss ich herzlich lachen. Denn erstens ist mir bei Menschen noch nicht aufgefallen, dass das Herzchakra immer grün sein muss - obgleich ich derartig schlaue Dinge natürlich auch in Büchern vorfand, in denen gesagt wird, dass die traditionelle Farbe für dieses „menschliche" Ätherorgan im Europäischen grün sei. Und zweitens hätten langweiligerweise alle meine Tiere zum Beispiel immer eine mir ähnliche Aura, weil sie ja automatisch meine Emotionen übernähmen. Bedauerlicherweise herrscht jedoch diese Meinung vielerorts vor. Wer so etwas sagt, hat noch immer nicht begriffen, dass Tiere Individualwesen sind, die ausgeprägte Persönlichkeitsmerkmale und Charaktereigenschaften aufweisen.

Natürlich ist es für einige Menschen schwierig, Tiere als Seelengefährten zu akzeptieren, wenn in breiten Teilen unserer Erde noch nicht einmal Frauen eine Seele, Gefühle und ein Bewusstsein zugestanden wird und menschliche Kinder als Arbeits- und Sexsklaven vermarktet werden, weil sie einer „unteren" Gesellschaftsschicht angehören.

Natürlich lasse ich mich auch zuweilen von der menschlichen oder tierlichen Stimmung meines Gegenübers einfangen. Ebenso schaffen das auch die Tiere, teilweise bewusst, wenn sie den Menschen lieben, aber auch unbewusst, weil sie nun einmal höchst sensitive und gutmütige Seelen sind, die sehr oft versuchen, es uns recht zu machen. Und natürlich gibt es auch Fälle, in denen Tiere die Krankheiten eines anderen übernehmen und damit eine ähnliche Aura aufweisen. Viel interessanter jedoch finde ich die Fallbeispiele, in denen Tiere sich emotional von ihrem geliebten Menschen oder Tiergefährten absondern, um seine Krankheit nicht zu übernehmen und diese statt dessen zu transformieren. Somit weisen sie wieder eine gänzlich andere, sehr spirituelle und strahlende Aura auf. Dass viele Tiere mit diesen heilenden Fähigkeiten geboren werden, ist – glaube ich - allseits bekannt. Aber auch Menschen tragen diese Qualitäten immanent in sich, sind sich dessen jedoch nicht ständig bewusst. Ich möchte an dieser Stelle „Tierbesitzer" bitten, bevor sie ihre Tiere zum psychischen Nutzen des Menschen einsetzen, diese Tiere zu dieser Aufgabe auramäßig oder mental zu befragen oder befragen zu lassen.

Absolut nicht jeder Hund zum Beispiel fühlt sich berufen oder stark genug, im Altenheim zum Trost der alten, einsamen Menschen zu dienen. Oft fühlt er sich energetisch ausgesaugt und völlig erschöpft nach solchen Besuchen und ist selbst nicht in der Lage, die unbewusst übernommenen, belastenden Aura-Anteile der alten Menschen abzuschütteln oder sich davon zu befreien. Und nicht jeder Delphin möchte als Filmtier eingesetzt oder als Heiltier psychisch kranken Kindern von Nutzen sein. Jedes Tier befindet sich, - wie wir Menschen auch - auf unterschiedlichen Entwicklungsstufen und hat ein Recht, entsprechend gewürdigt zu werden.

Gehören Tiere

einer Gruppenseele an?

Besonders eigentümlich mutet die Aussage an, Tiere hätten nur eine Gruppenseele, zumindest die freilebenden, vom Menschen unabhängigen Geschöpfe, so, als wären sie keine individuellen Wesenheiten. Das klingt etwas nach einer Entschuldigung, um andere – uns unterlegene Wesen - nach Lust und Laune, ohne schlechtes Gewissen, ausbeuten zu dürfen. Wäre das der Fall, würde ich um eine Gruppe wilder oder verwilderter Hunde, wie ich sie oft in südlichen Ländern traf, eine einzige Aura sehen und nur mit der gesamten Gruppe tierkommunikatorisch in Dialog treten können. Natürlich hatte dort jedoch jeder Hund seine eigene soziale Aufgabe innerhalb dieser Gruppe und eine persönliche Aura, die seinen individuellen Gefühlen, psychischer und körperlicher Natur, angepasst war. Im Dialog mit einzelnen Tieren dieser Gruppe, ergaben sich völlig unterschiedliche Sichtweisen und Emotionen zu bestimmten Punkten, die ihr Leben betrafen. Zum Beispiel auch zu meiner Person, die sich in ihr Leben mischte, weil sie mir hilfsbedürftig, ausgemergelt und halb verhungert erschienen und ich zumindest einem von ihnen ein neues Leben ermöglichen wollte.

Ähnliche Phänomene traten auf, als ich inmitten einer Gruppe freier Delphine vor Kaliforniens Küste schwamm. Jeder Fisch hatte seine eigene Schwingung, seine eigene Freude oder auch Last zu tragen. Jeder hatte ein individuelles Bewusstsein. Allen gemeinsam war ein unbeschreiblich weiches, rundes, helles Gefühl von tiefer Verbundenheit miteinander und auch mir gegenüber, was mir fast das Gefühl gab, mit zur Gruppe zu gehören.

Mit einem Schwarm Mücken oder einer Gruppe Ameisen verhält es sich ebenso. Wenn jemand von der Gruppenseele der Tiere spricht, sollte er nicht annehmen, Tiere hätten kein Individualbewusstsein, sondern er sollte vielmehr diesen Begriff vergleichen mit einer Gruppe Menschen, die einer bestimmten, ungeachtet welcher, Nationalität angehören. Jedes Volk hat sein eigenes Gruppenkarma. Trotzdem gibt es innerhalb dieser Gruppe natürlich lauter Individuen. Als Menschen leben wir immer in irgendeiner Form von Gruppe, wenn es nur die allgemeine menschliche Spezie oder Gruppe ist. Deswegen gesteht man uns trotzdem einen individuellen Charakter zu. So ist das auch bei den Tieren. Von den Ameisen weiß man, dass sie einen eigenen sozialen Staat haben, von denen unterschiedliche Charaktere sich unterschiedliche „Berufe" aussuchen. Nicht jedes dieser Tierchen eignet sich zum Bauarbeiter, manche eignen sich zum Sanitäter, andere wiederum schmarotzen nur, genau wie in der menschlichen Gesellschaft. Es ist für mich immer wieder interessant, die unterschiedlichen Emotionalkörper verschiedener Ameisen zu betrachten und mit ihnen in Dialog zu treten.

Selbstverständlich tragen viele, jedoch nicht alle dieser Insekten Ängste vor Umweltkatastrophen in sich, die sich bei ihnen aufgrund ihrer Größe in Form eines menschlichen Fußtrittes äußern können oder eines größeren Tieres, dass durch oder über ihre Bauwerke krabbelt oder schreitet. Sie zeigen Gefühle auf - genau wie wir sie äußern - von Zuneigung, einer gewissen ganz zarten Form von Eifersucht, Lustlosigkeit, Trauer, einer gewissen Form von Faulheit und spiritueller Sehnsucht, die sich in ihren Auren völlig differenziert darstellen. All das hört sich sehr „menschlich an". Anders als bei uns Menschen, ist das Fehlen von *bewusster* Bösartigkeit und *geplanter* Intrigen, von Neid und das Fehlen des Ausbeutungsgedankens anderer Geschöpfe. Damit erscheint die Aura der Ameisen heller, strahlender, sauberer, klarer und viel ästhetischer als die der meisten Menschen. Ich betone dabei den Terminus „bewusst".

Die Chakren des
tierlichen Ätherkörpers

Das Wort "Chakra" kommt aus dem Sanskrit und bedeutet Rad. Chakren sind feinstoffliche Energiezentren entlang der Wirbelsäule, dem Hauptenergiekanal des Körpers. Die Chakren bringen in die Aura laufend leuchtende Energien ein und wirbeln vielfarbiges Lichtes in die Aureolen, das dort Strudel bildet, die wiederum zahllose, leuchtende Lichtpünktchen, kleine Energiekügelchen entstehen lassen. Chakren nehmen kosmische Energie aus dem universalen Energiefeld, das uns umgibt auf und sammeln, verteilen und transformieren diese. Diese runden Schwingungskörper, Strudel oder Räder, durch die die Energie hindurchfließt, können eine positive oder negative Drehrichtung haben. Wenn eines dieser Chakren stärker oder schwächer arbeitet, führt dieses zu einem Ungleichgewicht im Gesamtsystem des Organismus. Es kommt zu einer Energieblockade, und zu Erkrankungen der mit dem Chakra verknüpften Organe. Jedes Chakra steht gleichzeitig für eine besondere Art der Energie, auf die hier an dieser Stelle eingegangen werden soll, weil es sich hauptsächlich um die Farben und Formen der Aureole allgemein handelt und nicht um die Organe des Ätherkörpers.

Bei jeder Tierrasse liegen die Chakren an unterschiedlicher Stelle, so dass eine Abhandlung über die Chakren der Tiere allgemein ganze Regale füllen könnte. Ein Fisch, ein Insekt, ein Vogel oder ein Nashorn zum Beispiel tragen diese Lichtstrudel an völlig unterschiedlichen Stellen. Deren Beschreibung würde das Buch sprengen. Bei unseren mitteleuropäischen Haustieren, wie Hunden, Katzen, Pferden, Vögeln zu Beispiel liegen sie am Oberkopf, verteilen sich entlang der Wirbelsäule, enden an der Schwanzspitze und an den Füßen. An den Füßen habe ich auch bei Insekten Chakren gefunden, die wiederum menschlichen Füßen und Händen nicht zugeordnet werden, so man auf die Literaturangaben hört. Ich persönlich habe häufig, jedoch nicht immer, besonders an menschlichen Händen, manchmal auch an den Füßen, Farbstrudel erkannt. Hellsichtige Menschen sehen die Aura und die Chakren der Menschen eh unterschiedlich, je nach ihrem spirituellen Entwicklungsstand. Je intensiver sie sich damit beschäftigen, umso deutlicher und differenzierter nehmen sie die Einschlüsse und unterschiedlichen Farbabstufungen wahr.

In der Literatur gibt es nicht einmal eine einheitliche Darstellung und Bezeichnung für die Chakren der Menschen, geschweige denn für die der Tiere. Tatsache ist wohl, dass Energieblockaden entstehen, wenn ungelöste seelische Konflikte im Spiel sind. Ich erwähnte bereits die Löcher in der Aura. Ebenso können die Chakren des Tieres still stehen, wenn es aufgrund von ungelösten Konflikten seine Vergangenheit schlecht bewältigt. Solche Energieblockaden fördern natürlich den Verlust von Wohlbefinden und stören das Immunsystem der Tiere erheblich.

Positive Emotionen hingegen, Liebe und Anerkennung, allgemeine Harmonie zwischen Mensch und Tier oder zwischen Tieren allgemein beflügeln sie zu ungeahnten Körperleistungen.

Auf die unterschiedlichen Chakren, deren Lage und Farbe gehe ich an dieser Stelle nicht ein, denn das Buch dient hauptsächlich dem Erkennen des tierlichen Aurasehens und dem Versuch diese zu interpretieren.

Warum ich überhaupt auf die tierlichen Chakren eingehe? Das liegt an der Tatsache, dass ich in meinem Leben einige Tiere traf, die ein goldenes Herzchakra aufwiesen. Somit stellte ich wieder einen bedeutsamen Unterschied zur menschlichen Aura bzw. zum menschlichen Chakra fest, das zwar in allen möglichen Farbnuancen schillern kann, jedoch noch niemals traf ich einen Menschen mit einem "goldenen" Herzen, jedoch sehr viele, die sich als Menschen mit einem "goldenen" Herzen bezeichnen würden. Wie witzig, wenn sie das in Gegenwart eines aurasichtigen Menschen tun! Heilige werden oft mit einem güldenen Scheitelchakra und einem goldenen Kranz um die Herzgegend dargestellt. Der Prophet Mohammed wird in farbenprächtigen Miniaturen in "Wunderbare Geschichten von Mohammed und den vier ersten Kalifen" 1808 ganz in Gold gemalt. Er wird nicht menschlich, sondern als goldene Flamme gezeigt. Die Miniaturen befinden sich in Paris in der Nationalbibliothek. Die Inder stellen Affen und Kühe oft mit goldenen Chakren künstlerisch dar. Als ehemals dem Mystischen und Weisen sehr zugeneigtes Volk ist es kein Wunder, dass sie die Erhabenheit der tierlichen Seele erkannten und sogar ihre Gottheiten als Tiere definierten, wie zum Beispiel Hanuman, den Affengott und Ganesha, den Elefantengott. In anderen Teilen Asiens, in Bali zum Beispiel werden Tiere seit jeher mit Flügeln als Devas (engelartige Wesen) künstlerisch oft mit vielen Goldtönen charakterisiert. Aus Respekt, aus spirituellen, gesundheitlichen, ästhetischen und ethischen Gründen wurde kein Fleisch von den vielen unterschiedlichen dort ansässigen Religionsgruppierungen gegessen. Erst nachdem die Touristen sich dort breit machten, kehrte diese kannibalistische Sitte in Bali sehr verstärkt ein. Dabei ist natürlich zu bedenken, dass dieses Volk dem Spirituellen, wie in vielen anderen asiatischen Orten, zugeneigt ist und die meisten Bewohner seit jeher die Aura eines anderen Lebewesens deuten können.

Völlig anders sieht es im Westen aus. Was für Ignoranten sind wir Westler doch, dass wir nur heiligen Menschen eine goldene Aura oder ein goldenes Herzchakra zugestehen, Tieren jedoch nicht!

Von Haustieren mit einem goldenen Herzchakra kann ich berichten, dass diese sehr liebevoll und bewusst leben, manche davon freiwillig vegetarisch oder vegan, obwohl sie einer fleischfressenden Rasse angehören. Sie neigen dazu, Opfer zu bringen, zeichnen sich durch das Geben von unpersönlicher Liebe aus, sind frei von Eifersüchteleien, vermitteln allein durch ihre reine und gütige Ausstrahlung harmonisierend zwischen unterschiedlichen Parteien und beweisen zuweilen heilerische Ambitionen ihren Mitmenschen und Mittieren gegenüber.

Auf den Farbtafeln in diesem Buch ist oftmals das Stirnchakra, das mitten auf der Stirn, meistens etwas oberhalb der Nase liegt, zu erkennen. Es steht für das Talent der Tiere hellzusehen, hellzuhören und hellzufühlen, eine Fähigkeit, die alle gesunden Tiere, im Gegensatz zum Menschen, beherrschen.

Tiere als Helfer und Heiler

Tiere, die die Gabe des Heilens haben, geben in weit größerem Maße Strahlung ab, als es andere Tiere tun. Sie zapfen automatisch höhere feinstoffliche Ebenen an. Die Aura des tierlichen Heilers oder eines Menschen, der unbewusst heilt - was jede Mutter tut, wenn sie ihrem Kind die Hand auf den Bauch legt, sofern dieses über Bauchweh klagt - wird während der "Behandlung" etwas lichtschwächer. Daran ersehe ich, dass das eine Tier einem anderen Wesen Lichtenergie sendet. Die Aura des gesunden Tieres erscheint plötzlich in ihrer Form kleiner und ein wenig matter, während sich die Aura des kranken Geschöpfes fast zur gleichen Zeit aufbläht und erhellt. Oft sind es die Tiere mit einem goldenen Herzchakra, die sich in ein anderes einfühlen und automatisch Energie senden, wobei hierbei die eigene Energieversorgung angezapft wird.

Nur der echte spirituelle Heiler nimmt die universelle Energie bewusst auf. Dadurch wird seine Aura automatisch mit herrlichen, satten Farben überflutet, meist mit Violett, Türkis, Blau und Gold. Bei Menschen passiert es, dass der, der sich gerne als Heiler betätigen möchte, jedoch keine Ahnung von der Sache hat, sich völlig verausgabt und zuweilen selbst anfängt zu leiden. In dieser krassen Form habe ich die Ermattung des Energiehaushaltes bei Tieren nicht beobachtet, wahrscheinlich weil diese dem göttlichen Ursprung oder der Urenergie noch viel intensiver angeschlossen sind, als der Mensch, der sich durch seine Myriaden von Inkarnationen, rationalen Tätigkeiten und Ablenkungsmöglichkeiten bereits sehr weit von seinem geistigen Urquell entfernt hat. Bis jetzt habe ich noch nie ein Tier erlebt, dass seine eigene körperliche Energie beim Heilen anderer Tiere oder Menschen völlig aufbraucht.

Tieren, die diese edle Aufgabe, anderen Mitgeschöpfen geistig zu helfen unbewusst wahrnehmen, sollte der menschliche Gefährte bewusst, sofern er in der Lage ist, kosmische Licht- und Liebesenergie zusenden, oder dem Tier auf tierkommunikatorischer Basis erklären, dass es mit dem geistigen, göttlichen Ursprung jederzeit verbunden ist und diesen durch sich hindurch als Kanal fließen lassen darf. Wie ich in meinem Buch über spirituelle Tierkommunikation detailliert schrieb, sind viele Tiere dafür recht empfänglich, lieben es in spiritueller Atmosphäre zu leben und geistige Anregungen auf diesem Gebiet zu erhalten, die sie natürlich teilweise unbewusst aufnehmen.

Manche Tiere übernehmen aus Liebe die körperlichen Disharmonien ihrer Gefährten, was unwissentlich geschieht. Wie gesagt ist die Folge dieser unbewussten Übernahme schlechter Emotionen eine momentan trübere Aura.

Andere Tiere legen sich auf oder neben kranke Stellen ihrer Mitwesen und lösen deren Disharmonien auf, das heißt, sie übernehmen diese nicht, sondern schließen sich an kosmische Quellen an und übergeben diesen die scheinbaren Krankheitsbilder. Dabei bleibt die Aura des heilenden Tieres ebenso strahlend transparent wie bisher und wirkt nicht matter als zuvor. Die Farben mögen sich während dieses Vorganges wohl ändern. Die Aura erstrahlt in solchen Fällen häufig in den wunderbarsten Farbtönungen und weitet sich aus, so dass sich mächtige farbige Lichtströme, vielfarbige Flammen und Lichtkaskaden bilden (siehe Tafel.. Hund im Heilungsprozess).

II. Erläuterung der Farbtafeln

Zwei Beispiele einer Ätheraura

1. Ein Pferd

Dieses Bild zeigt die Ätheraura eines Pferdes, weißlich, leicht ins Bläuliche wandernd, dampfend und sehr transparent scheinend.

1 a. Ein Doggen-Boxermischling

Dieses Bild zeigt die bläuliche Ätheraura um den Kopf des Hundes, die Stelle an der die Aura am schnellsten und einfachsten auszumachen ist. Zarte rosa Äderchen durchziehen sie. Es könnte sein, dass bereits ein winziger Hauch die Emotionalaura in der Farbe durchschimmert, die Liebe ausdrückt: Rosé.

Ein Beispiel einer Basisaura:

2. Ein Kamel

Dieses Bild zeigt die transparent scheinende Basisaura einer Kamelstute auf, die vornehmlich durch ihr klares, sauberes Rose besticht. Dieses Kamel ist zur Liebe fähig, zum Nehmen und zum Geben gleichermaßen. Der untere bzw. hintere Teil spricht aufgrund des Orange von Energie und Kraft. Der gelbe Fleck auf dem Foto links wandert von rechts nach links und beweist seine Fähigkeit zu denken und intuitiv zu handeln. Dieses Tier wird von einer starken Persönlichkeit geprägt. Es versucht, seine Wünsche durchzusetzen, wofür das Gelb spricht, die es jedoch zart einfordert. Wäre das Rosé tiefer Rot, könnte man annehmen, dass es seine Wüsche beharrlich, wild und temperamentvoll einklagt. Die Tatsache, dass das Gelb um den Kopfbereich herum führt und das Stirnchakra weit aufleuchtet, spricht von der Weisheit des Tieres. Weiterhin bedeutet die satte gelbliche Umrandung des Kopf- und Schulterbereiches, dass das Kamel sich dringlichst Kommunikation wünscht.

Der hellblaue Aurabereich am Hals steht im Zusammenhang mit den anderen weichen Pastelltönen für die Fähigkeit, sich einer höheren geistigen Ordnung bewusst oder unbewusst unterordnen zu können.

3. Zwei Mischlingshunde

Hier haben wir zwei Hunde, die während einer Meditation mit anderen Tieren und Menschen von der dort herrschenden lichtvollen Schwingung beeinflusst werden, was ihre blau-violetten Auren aufzeigen. Beide Tiere leben mit sehr spirituellen Menschen, von denen sie in dieser Hinsicht profitieren. Diese beiden Mischlingshunde lieben sich sehr, so dass ihre Aureolen deutlich miteinander verschmelzen. Das dritte Auge, das Stirnchakra, leuchtet während dieser Gelegenheit wesentlich stärker, als es zu "normalen" Tageszeiten strahlt. Im Hintergrund schwebt eine schützende Energiekugel gleichsam über beide Tiere.

4. Zwei Wellensittiche

Die Aura dieser beiden Vögel vermischt sich während des stundenlangen Austauschens von Liebesbezeugungen und Informationen. Sie scheint recht opak, obwohl sie zeitweise auch wie Seifenblasen transparent erscheint. Die Größe der Aura beweist, wie sehr sich die beiden mit viel Energie in ihre Turtelei stürzen, die weiche Form spricht von Harmonie und Einklang, während der opake Eindruck von Oberflächlichkeit im Austausch berichtet. Auch die hauptsächlich vorhandene Farbe Blau täuscht nicht darüber hinweg, dass diese beiden Wellensittiche im Moment wenig mit Vergeistigung am "Hut" haben. Rosa spricht für den Transfer von Liebesenergie der beiden.

Tierheilungen an der Aura sichtbar gemacht

5. Spontanheilung eines österreichischen Jagdhundes

Diese Tafel zeigt einen österreichischen Jagdhund, der sich deutlich in einem Heilungsprozess befindet. Von Menschen erbetene Heilenergien durchströmen ihn plötzlich und heftig. Seine Aura sprüht leuchtende, helle gelb-orange-weiße Funken. Am Rücken erstrahlt sie heilsam hellviolett und in hellrosa, der Liebesfarbe.

6. Erschöpfter Boston Terrier Welpe

Dieses Bild zeigt eine junge Boston Terrier Hündin vor dem Empfang von Heilkräften.

Hier ist ihre Aura etwas dumpf. Sie zeigt Ermüdungserscheinungen. Unter Schmerzen leidet die Hündin nicht, jedoch macht ihr allgemeine Schwäche, eine vor kurzem überstandene Krankheit und die bevorstehende Läufigkeit zu schaffen. Das allgemein harmoniebedürftige und liebende Wesen, was am Grün und am Rosa in der Herzgegend zu erkennen ist, zeigt besonders am Hinterteil trübe, bräunliche Aurastellen.

7. Der gleiche Welpe wird von kosmischen Energien durchströmt

Diese Abbildung zeigt ihre Verwandlung während ihre menschliche Lebensgefährtin kosmische Kraft in sie strömen lässt. Das Stirnchakra und das Herzchakra weiten sich deutlich, ein türkises Schutzschild und ein rosafarbenes Liebesband umgeben sie. Glitzernde Figürchen entspringen als Zeichen der Erfrischung und des erwachten Spieltriebs ihrem Emotionalkörper. Sie schwirren stetig um die Hündin herum. Auch die Fingerspitzen ihrer Lebensgefährtin entwickeln leuchtende Strahlen.

Emotionalauren von Tieren in unterschiedlichen Lebenssituationen

8. Kommunizierende Katze

Diese Abbildung zeigt die *Bemühung einer Katze auf,* die telepathische Sprache ihres menschlichen Gefährten zu verstehen. Wieder leuchtet das Stirnchakra als Zeichen des Hellsehens, Hellhörens und Hellfühlens. Vielfarbige Lichtkaskaden entströmen der Aura in unterschiedlichen Schichten. Die Katze bittet konzentriert und äußerst lebendig um eindeutige, deutliche Gefühle ihres noch ungeübten Gegenübers. Eine - wie man sieht - sehr anstrengende Angelegenheit für das Tier. Die im Hintergrund zu erkennende orange Ebene zeigt Aktivität, Entdeckerfreude, Denken, Intuition, aber auch ein wenig Überforderung auf, denn sie verläuft einen Hauch ins Bräunliche. Die Katze hat viel Interesse daran, verstanden zu werden und zu verstehen.

Allein an der immensen Weite dieser Aura ist ersichtlich, wie stark dieser Drang ist. An der in flammenförmig sich drehenden, sehr lebendigen Schicht aus violettem, gelbem und weißem Licht bemerkt man ihre geistig-spirituelle Bemühung, Gefühle und Bilder des mit ihr kommunizierenden Menschen zu empfangen.

Die türkise fächerartige Aureole um ihren Kopf spricht sowohl von ihrer Tiefgründigkeit und von ihrer Geduld mit dem noch übenden Menschen, als auch von ihrer Nächstenliebe und dem Vertrauen, das sie ihm entgegen bringt. Die leuchtenden kleinen Kügelchen wirbeln in ihrer Aura umher. Sie entspringen den Strudel bildenden, nicht abgebildeten Chakren, die leuchtende Lichtpünktchen, kleine Energiekügelchen entstehen lassen.

9. Glückliche Katze

Hier die recht transparent wirkende Aura einer noch jungen Katze, die im Moment des Entstehens dieser Aufnahme, voller Begeisterung und Interesse einem anderen spielenden Kätzchen zuschaut. Die Basisaura dieser Katze ist blau-türkis, was von Vertrauen und Schutz erzählt. Sie ist noch an manchen Stellen, zum Beispiel vorne an der Brust, zu sehen. Darum herum bilden sich leuchtende Farben aller Schattierungen. Rotschattierungen als Zeichen für Energie und Liebe wechseln sich mit Blauschattierungen ab, die in diesem Fall weniger von spirituellen Neigungen sprechen, sondern sie wirken eher harmonisierend, abkühlend und abwartend, was auch für die Körperhaltung des Tieres spricht. Runde, weiche Formen als Zeichen des Wohlergehens stehen im Vordergrund. Von den Chakren herrührende, winzige Energiebällchen fliegen im Emotionalleib dieses Tieres umher als Zeichen ihrer psychischen und körperlichen aktiven, gesunden und sehr zufriedenen Verfassung.

In dem Moment, wo die Katze sich entschließt, dem Spiel beizuwohnen, verschwinden größtenteils die blauen Flächen während die rötlichen, energieanzeigenden zunehmen.

10. Aggressiver Mischlingshund

Dieses Bild zeigt einen sehr aggressiven, wild lebenden Hund, der von anderen Artgenossen provoziert wird. Am Hinterteil hat er Schmerzen, was an den rötlichen Strahlen, Pfeilen und Zacken besonders an dieser Stelle zu erkennen ist. Diese Strahlen wandern nicht umher, sondern halten sich hauptsächlich an dieser hinteren Körperstelle auf, was eindeutig für Qual spricht. Als ich das Foto aufnahm, war ich Zeugin eines Hundekampfes, bei dem dieses Tier gebissen wurde. Die Emotionalaura zeigt deutlich, dass der Hund über und über voll Aggression, Wut und Schmerz steckt, die sich vom Kopf bis zum Schwanzende zeigen. Ein aurisches Ei nahm ich nicht wahr, so sehr weitete sich seine ansonsten nicht deutlich zu erkennende Aura aufgrund der weit hinaus schießenden rötlichen Lichtpfeile.

11. Trauernder Mischlingshund

Dieses Bild zeigt einen stark trauernden Hund von grau-brauner, trüber und dumpfer Aura umgeben. Sein tierlicher Freund verstarb. Dieses Tier trägt eine Wolke von Kummer und Gram mit sich, die zu seinem Glück von etwas Gelb erhellt wird, das in diesem Fall für enorme Erleichterung und emotionalen Schutz sorgt. Im Schnee ist die düstere Aura des laufenden Hundes umso deutlicher zu erkennen. Trotz seines Kummers strahlt das dritte Auge. Er steht, wie mir tierkommunikatorisch zuteil wurde, noch immer zumindest in geistigem Kontakt mit dem vor kurzem verblichenen Freund. Am Rand wirkt die Aura ein wenig zerfranst, was dem momentanen unglücklichen psychischen Zustand entspricht.

12. Unter Medikamenteneinfluss lebender Cockerspaniel

Das Bild zeigt einen Cockerspaniel, der bei völlig irdisch und materiell gesinnten Menschen normalerweise sehr zufrieden lebt. Infolge körperlicher Disharmonien steht er stark unter Medikamentenkonsum, was sich aufgrund der opaken Aura und der etwas gewellten Form des aurischen Eies unschwer erkennen lässt. Im Atmungsbereich leidet er unter leichten Schmerzen. Das zeigen die rötlichen Flämmchen an und die graue Stelle am Kehlkopfbereich, wo er bereits einmal operiert wurde. Die rötlichen Stellen deuten allerdings nicht nur auf Atembeschwerden und Beklemmungen hin, sondern auch auf eine momentan entstehende Angst vor Liebesverlust, die vom Brustbereich (Herz) bis zum Kopf wandert. Es handelt sich um leichte Eifersucht bzw. Futterneid, denn als dieses Foto geschossen wurde, beobachtete er zufällig die Fütterung eines anderen Tieres, an der er aufgrund seiner krankheitsbedingten Diät nicht teilnehmen kann.

Im Darmbereich zeigen sich graue Wolken, die mindestens beweisen, dass seine Verdauung nicht funktioniert und er sich schwer und unwohl an dieser Stelle fühlt. Tatsächlich hatte er auch dort bereits eine Operation hinter sich.

Die Basisaura dieses Hundes ist helltürkis, was ihm ein Gefühl von Schutz verleiht. Trotz aller Beschwerden beweisen die doch recht klaren Farben, die Grün- und Blautöne, dass er sich harmonisch und ausgeglichen fühlt. Da die Beschaffenheit dieser Aura sehr opak wirkt, gehe ich davon aus, dass das Blau weniger spirituell ausgelegt, sondern viel mehr als ein Zeichen von Zurückhaltung, Schüchternheit und Geduld gedeutet werden könnte. Die bräunlichen Flecken rechts und oberhalb des Kopfes erzählen von der den Hund belastenden physischen und körperlichen Anstrengung. Goldene Fünkchen im düsteren Feld heben diesen negativen Eindruck jedoch ein wenig auf.

Interessant fand ich innerhalb der sich ständig bewegenden Aura ein grünliches, stehendes Tierchen tummeln, das sich dem Hund zuwendet. Es hat den Anschein, das es sich eventuell um eine Maus oder Ratte zum Beispiel gehandelt haben könnte, an das er in dem Moment dachte. Die an ein Tierchen anmutende Gestalt stellte ich rechts oberhalb dar. Ein anderes, an ein kleines Tier erinnerndes Geschöpf, tummelte sich auch recht opak und bräunlich aussehend mit blauem Auge und blauem Mäulchen oberhalb des Hundekopfes, nach rechts aus dem Bild heraus schauend.

13. Sterbender Hundemischling

Hier ist der noch relativ energetisierte Körper einer gejagten und gerade erschossenen Hündin zu erkennen, die eine Schusswunde in der rechten Schulter aufweist und deren Astralkörper gerade aus dem irdischen Leib heraustritt. Ich beobachtete die Szene, kannte das Tier jedoch nicht. Es handelt sich anscheinend dabei um ein sehr liebendes Geschöpf, was auf die vielen Rosétöne schließen lässt. Bei ihr befand sich ihre kleine Tochter, die der Szene beiwohnen musste. Direkten körperlichen Schmerzen scheint sie sich nicht bewusst zu sein, denn diese sähen anderes aus. Sie scheint sich in ihr Schicksal zu ergeben, ohne sich zu wehren, was das harmonisch angeordnete Blau erzählt, dass für Demut und die Annahme einer höheren Ordnung steht. Ihre Aura wirkt weder ängstlich, noch gehetzt. Wahrscheinlich versteht sie in diesem Moment noch nicht, was mit ihr geschieht, sondern strahlt noch unvermindert ihre Liebe zu ihrem Kind oder allgemein aus.

14. Erkranktes Katzenbaby

Normalerweise ist die Aura gesunder Tierbabys weißlich. In diesem Fall jedoch handelt es sich um ein sehr erschöpftes und schmerzverzehrtes Tier. Im Brustbereich und am rechten Auge sind starke Schmerzen, an der rötlichen Aura und besonders an der disharmonischen, teilweise trüben und stacheligen Form zu bemerken. Das Baby fand ich in einem halb verhungerten Zustand von seiner schwachen, wild lebenden, hungrigen, scheuen Mutter im Kohlenkeller abgelegt. Ein Auge war nicht mehr zu retten. Um den gesamten Körper herum ist die düstere Aura eines völlig ausgelaugten und körperlich leidenden Wesens zu sehen. Bei dieser Aura handelt es sich um keine Basisaureole, die von Charaktermerkmalen spricht. Diese sind natürlich noch nicht ausgeprägt. Lediglich der sehr schlechte Allgemeinzustand ist anhand der trüben düsteren Aura zu erkennen.

15. Gesundes Katzenbaby

Die typische, helle weißliche Aureole eines gesunden Tierbabys. Ein wenig Rosa, ein Hauch von Gelb und Blau sind bereits zu erkennen. Bisher ist noch kein Persönlichkeitsmerkmal entstanden.

III. Übungen

Das Erfühlen der Tieraura

Der Ätherkörper weist je nach Gefühlsintensität verschiedenartige Konsistenzen auf. Natürlich ist die Aura fühlbar. Auch ein Mensch, der im Aurasehen noch ungeübt ist, kann den Emotional– oder Ätherkörper eines anderen Lebewesens zart erfühlen.

Er kann zum Beispiel durch das Ertasten Stellen im Tierkörper auffinden, die aus der ursprünglichen Harmonie herausfallen. Er könnte also auch „Löcher" ertasten, die für Schwachstellen stehen oder auf eventuelle Krankheiten hindeuten. Unter „Löcher" verstehe ich Teile der Aura, die sich kalt anfühlen und kaum Dichte aufweisen. Vom Optischen her sind diese Stellen farblich nicht auszumachen.

Der Ätherkörper wirkt teilweise opak, je nach Dichte, die wiederum von der Momentsbefindlichkeit des Tieres abhängt. Zur Ausstrahlung von Licht gehört also auch die fühlbare Wärme, die in Kühle übergeht, wenn sich eine Disharmonie im tierlichen Körper befindet. Der modernen kosmischen Strahlentheorie zur Folge entsteht die Ausstrahlung von Wärme und Licht durch unendlich kleine Teilchen, die sich mit unvorstellbarer Geschwindigkeit nach allen Richtungen ausbreiten.

Möchten Sie die Aureole Ihres Tieres erfühlen, schalten Sie bitte das Telefon und die Türklingel ab. Handys stellen Sie bitte ohnehin wegen des belastenden und störenden Elektrosmogs aus. Natürlich sollte nicht geraucht werden, weil erstens Tiere enorm unter Zigarettenrauch oder Räucherstäbchen leiden. Fühle ich mich in Tiere ein, die bei Rauchern leben, nehme ich häufig Kopfschmerzen, Übelkeit und eventuelle Atemnot wahr. In Folge dessen wäre deren Aura verkrampft, zusammengezogen und für Ungeübte schwerer zu erkennen. Zweitens beeinträchtigt das Rauchen ebenso sehr wie das Vertilgen von Tieren Ihre Sensitivität in ganz außerordentlichem Maße. Ich habe in meinen Workshops festgestellt, dass sich die meisten Raucher viel schwerer tun, feinstoffliche Phänomene wahrzunehmen als Nichtraucher. Ich gehe davon aus, dass Sie sich gewaltfrei ernähren, wenn Sie mit der tierlichen Aura helfend umzugehen wünschen. Es steht sicher keinem, mit der einen Hand einem Tier zu helfen und mit der anderen Hand eines zu töten oder töten zu lassen. Oder halten Sie sich nur ein Alibitier zu Hause? Je feinstofflicher und gewaltfreier wir Menschen leben, umso leichter fällt es uns, feinstoffliche Phänomene wahrzunehmen.

Arbeiten wir an der feinstofflichen Tieraura, sollten uns die dazugehörigen Tiere vertrauen. Gerade wenn ihnen etwas fehlt, sind sie entsprechend ängstlich. Sie empfinden uns gewöhnlich als sympathischer und liebevoller, wenn wir keine implantierten Gewaltinformationen aussenden, die wir in Form von bewusst getöteten Tieren verspeisten oder in Form von negativen Gedanken übermitteln. Die Tiere riechen unsere Ausstrahlung, spüren unsere geheimsten Gedanken und sehen ständig unsere Aura. Auch eine beunruhigende Aura, die beweist, dass wir uns vielleicht Sorgen um das Tier machen, können wir abstellen, indem wir an etwas Schönes denken und das Tier im gesunden Zustand glücklich visualisieren. Beherzigen wir diese Punkte, entspannt sich das Tiere besser, erfühlen Ungeübte leichter seine Aura und der Erfolg unserer Arbeit stellt sich schneller ein.

Wenn Ihr Tier ruht, die Fenster geschlossen sind und kein Windhauch von außen Sie irritieren kann, kein Kind oder anderes Tier um Sie herumtobt, sondern alles absolut windstill und ruhig ist, streichen Sie in einem Abstand von 5 - 10 cm ganz, ganz langsam mit ausgestreckter Hand über seinen Ätherkörper.

Achten Sie genau auf das, was Sie erfühlen. Nehmen Sie jedes Kribbeln wahr, jede Spur von Wärme oder Kälte. Zuweilen mögen Sie einen leichten Windhauch spüren. Dann könnten Sie sich mit Ihrer Hand über einem gut funktionierenden Chakra befinden. Wärme spricht von Gesundheit, Kälte eher von Disharmonie an der entsprechenden Stelle.

Nehmen Sie nicht sofort etwas wahr, wiederholen Sie die Übung eben unverkrampft und locker an anderen Tagen, wenn sie in Ruhe allein und ungestört mit Ihrem Tier sind.

Bild 1: Pferd

Bild 1a: Doggen-Boxer Mischling

Bild 2: Kamel

Bild 3: Hundemischlinge

Bild 4 : Wellensittiche

Bild 5: Heilung eines Jagdhundes

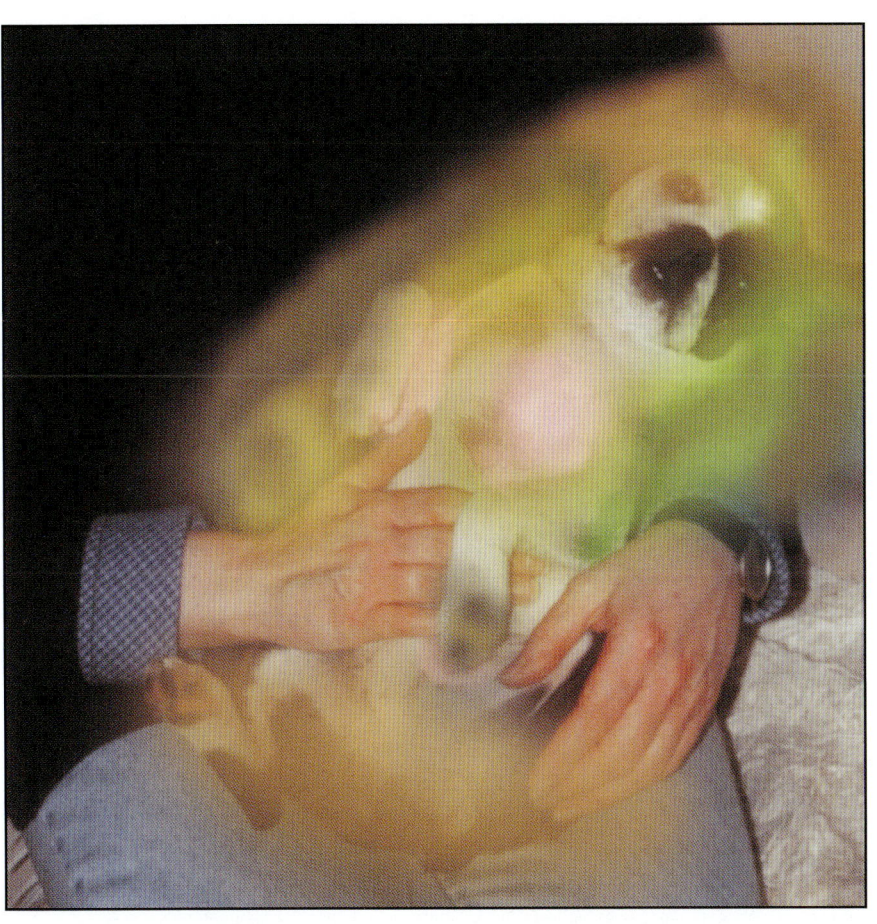

Bild 6: Erschöpfter Boston Terrier Welpe

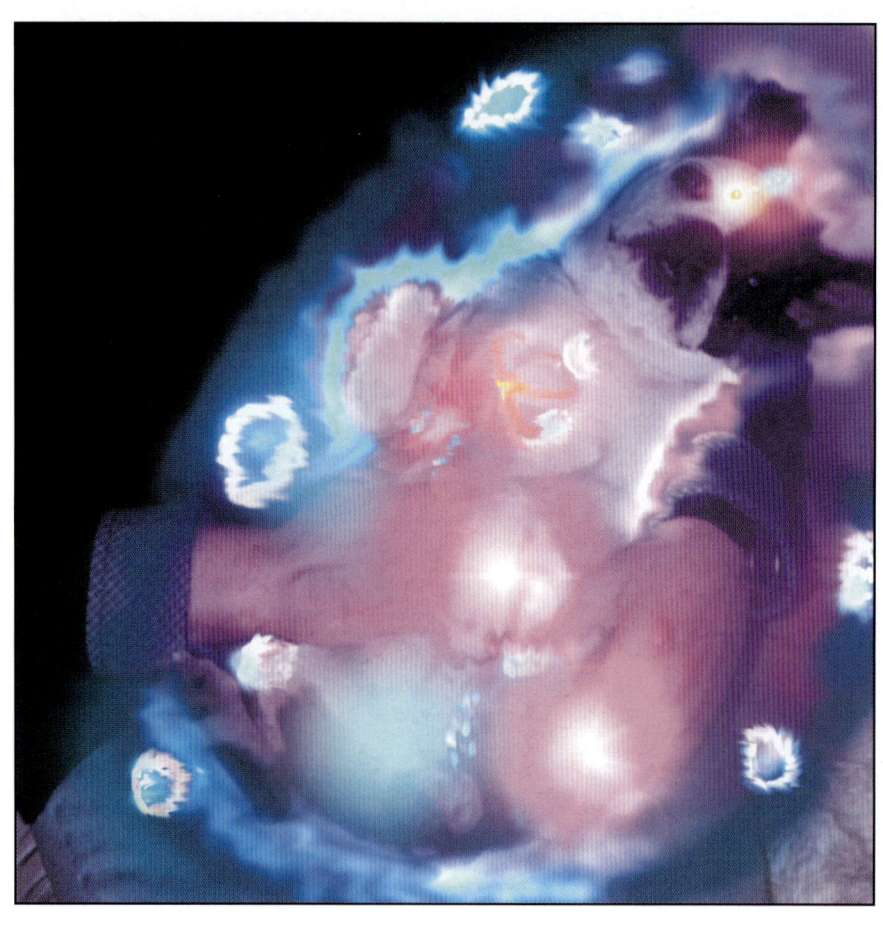

Bild 7: Geheilter Hund - gleicher Welpe

Bild 8: Kommunizierende Katze

Bild 9: Glückliche Katze

Bild 10: Agressiver Mischlingshund

Bild 11 : Trauernder Mischlingshund

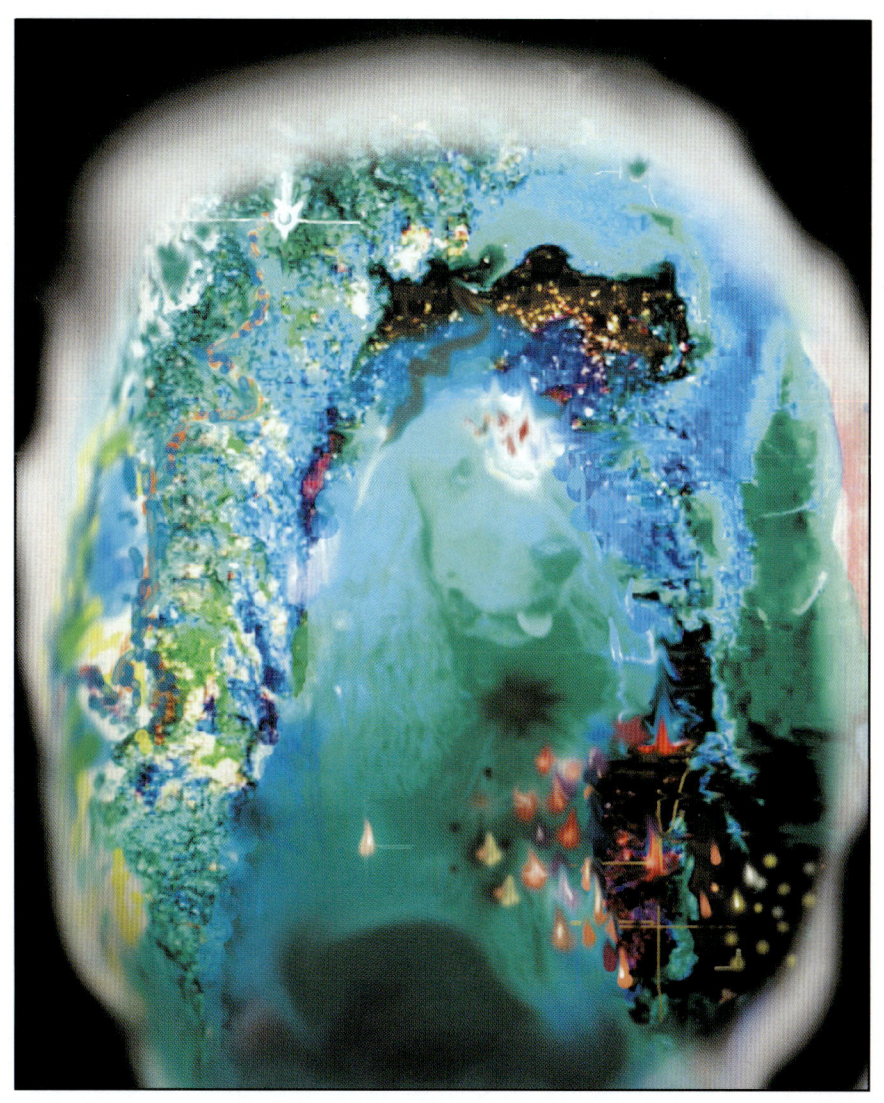

Bild 12: Unter Medikamenteneinfluss lebender Cockerspaniel

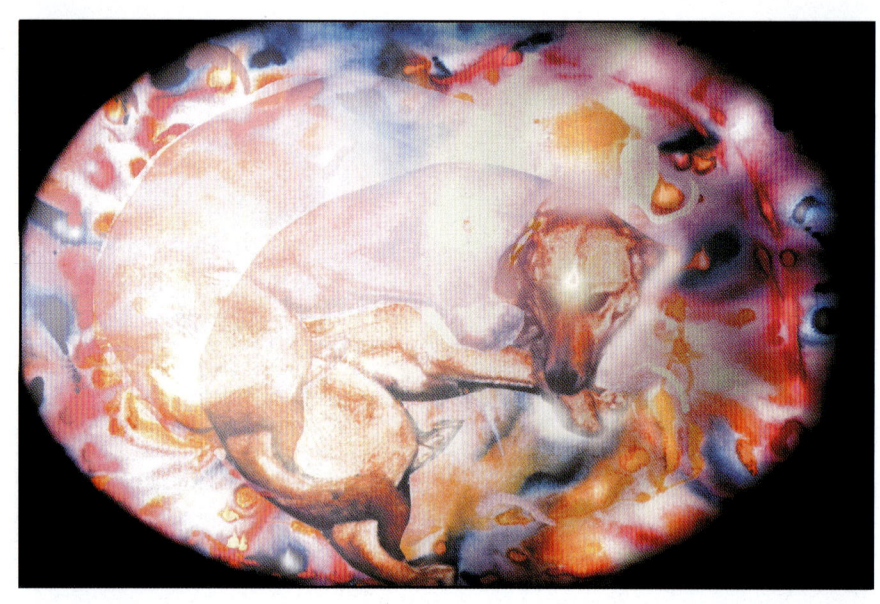

Bild 13: Sterbender Hundemischling

Bild 14: Erkranktes Katzenbaby

Bild 15: Gesundes Katzenbaby

Wie Sie eine Tieraura

harmonisieren und glätten

Durch Einfühlung auf Farben bzw. Imagination derselben, durch Meditationen auf farbiges Licht und der Vorstellung, davon durchflutet zu werden, kann die Aura vorübergehend aufgehellt und von diesen Farben erleuchtet werden. Hier gilt der Merksatz "Vorstellung wird zur Wirklichkeit". Ebenso können heilbringende Farbkräfte durch reine Vorstellungskraft unseren Tieren geschickt werden.

Im Folgenden erläutere ich zunächst die materielle Weise, eine Tieraura zu massieren, zu glätten und zu harmonisieren und danach die geistige Methode, um dieses Ziel zu erreichen. Bitte lesen Sie zuerst den gesamten Text über beide Harmonisierungsarten, bevor Sie sich am Tier üben.

Die materielle Art eine Tieraura zu glätten

Das Tier, dessen Aura geglättet werden soll, liegt in einer ihm angenehmen Stellung auf einem Untergrund, der ihm gefällt oder es steht bequem. Voraussetzung ist natürlich, dass das Geschöpf Ihnen vertraut und es stehen oder liegen bleibt. Ansonsten lesen Sie zunächst weiter, was ich zur "materiellen" Glättung ausführe und versuchen Sie es eventuell mit der geistigen Methode.

Sprechen Sie recht leise und sehr beruhigend mit dem Tier und erläutern Sie, was Sie mit ihm vorhaben, und wie wohl es ihm tun wird. Seien Sie gewiss, das Tier versteht mental alles, wirklich alles, was Sie sagen. Es ist - das hört sich witzig an, aber es wurde mir tierkommunikatorisch zuteil – sogar manchmal äußerst verspannt und beunruhigt, wenn der übende Part vor Ungeduld, vor Anstrengung oder weil er es nicht gewohnt ist, lange zu knien, stöhnt oder Zeichen von Unwohlsein aufweist. Die Tiere wünschen sich bei diesem Vorgang innerlich in sich ruhende, ruhige, gelöste und wenn möglich fröhliche Menschen, denn ein Teil unserer Ausstrahlung kann auf sie übergehen.

Dann setzen oder stellen Sie sich je nach Größe des Geschöpfes auf die linke Körperseite, ihm zugewandt und streichen ruhig und langsam mit der rechten und der linken Hand abwechselnd in einem weiten, ellipsenförmigen Bogen, in etwa 10 - 30 cm Abstand von seinem Körper, vom Kopf in Richtung des Schwanzes und der Füße und wieder zurück. Natürlich wählt man bei der Harmonisierung einer kleinen Maus einen niedrigeren Abstand. Dieser Bogen wird mehrmals hintereinander beschrieben.

Vorsicht!!! Führen Sie Bewegungen im Uhrzeigersinn aus, nicht entgegen!! So unterstützen Sie das natürliche Wohlbefinden, denn die meisten Chakren drehen sich rechts herum. Führen Sie Ihre Hand andersherum, links herum, entgegen dem Uhrzeigersinn, schaden Sie dem Tier, indem Sie ihm seine Energie entziehen.

Sie erfühlen warme Stellen, Strudel und kalte Stellen. Meist deuten die kalten Stellen auf Disharmonien hin. Wenn Sie dreimal langsam und konzentriert über den Äther- und teilweise den Emotionalkörper mit Ihrer Hand gefahren sind, stellen Sie selbst fest, dass sich allmählich die Löcher schließen und die Aura eine gleichmäßige Wärme ausstrahlt.

Legen Sie das Tier auf die andere Seite und wiederholen Sie den Vorgang. Handelt es sich um ein stehendes Pferd, einen Esel oder gar einen Elefanten, streichen Sie ellipsenförmig über die andere Körperseite, über den Rücken, langsam über den Bauch, die Beine entlang und bedenken Sie, dass Sie diesen Vorgang wieder im Uhrzeigersinn ausführen!!

Endet die Auraglättung, streichen Sie am Schluss vom Schwanzende hinauf zum Kopf! Streicheln Sie das Tier eventuell zum Abschluss liebevoll und sprechen Sie zärtlich mit ihm. Nennen Sie es bei erhellenden, wirklich lichtvollen Kosenamen, um die Harmonisierung deutlich zu fördern und zusätzlich zu unterstützen. Manche Menschen halten solch ein Verhalten für überflüssig oder albern, besonders Männer tun sich dabei schwer. Ein Wissenschaftler, der Japaner Masaru Emoto[*] hat die positive und heilende Wirkung solch liebevoller Worte bewiesen.

Durch positive, sanfte Worte, die Sie zu Ihrem Tier während der Aurabehandlung sprechen, verändert sich merklich sein Wohlbefinden und sein Verhalten. Sagen Sie ständig, möglichst wenn es ehrlich gemeint ist, wie sehr Sie es lieben, achten, schätzen und loben Sie seine Art, seinen Charakter, seine ganz persönlichen Eigenschaften. Wenn Sie die Sprache der Aura verstehen, tierkommunikatorisch mit dem Tier umgehen, mit Licht arbeiten und zusätzlich liebevolle Worte gebrauchen, werden Sie die harmonischste Paarbeziehung zu Ihrem Tier entwickeln, von der Sie bisher nur träumen konnten.

Mantren[†] besonders das uralte Sanskrit "Gayatri Mantram" bewirken zusätzlich Wunder. Man verwendet sie entweder vor, während oder nach der Harmonisierung eines Tieres. Singen Sie es in ungerader Anzahl. Drei Mal ist in vielen Fällen bereits genug. Die Melodie erhalten Sie als CD oder Kassette in sämtlichen Buchläden. Sie wirkt nur dann energetisch machtvoll, wenn Sie die alte, unmelodiöse Tonfolge einüben, nicht die sehr melodiöse und schöne, moderne Form, die man im Internet findet. Stellen Sie sich dabei vor, wie das kosmische Licht das Tier durchströmt. Der Text lautet wie folgt und wirkt gesprochen weit weniger effektiv als in "korrekter" (alter) Form gesungen:

---

[*] Masaru Emoto forschte im Bereich des Wassers, das mit unterschiedlichen positiven und negativen Informationen angereichert wurde, aber auch die Flüssigkeit, die sich im Körper unserer Tiere befindet, reagiert entsprechend. M. Emoto konnte in zwölfjähriger Forschungsarbeit und in Zehntausenden von Versuchen wissenschaftlich nachweisen, dass Wasser nicht nur in der Lage ist, Informationen, sondern auch Gefühle und Bewusstsein zu speichern. Die in seinem Buch "Die Botschaft des Wassers" abgebildeten, wunderschönen und auch sehr hässlichen, disharmonisch und trübe aussehenden Wasserkristalle demonstrieren auf beeindruckende Weise das, was die Homöopathie immer wusste, nämlich dass Wasser ein Gedächtnis hat und ein Informationsträger ist. Liebevolle Worte wie "Liebe, Engel, Freude..." zum Wasser gesprochen, bewirkten, dass dieses Wasser im gefrorenen Zustand herrliche, harmonische Kristalle formte, die sehr "gesund" aussahen. Negative Worte, wie "Teufel, Krieg, Krankheit..." bewirkten das Gegenteil. Die Kristalle waren zerfleddert, verkrüppelt und disharmonisch. Sie leuchteten nicht.

[†] Mantra = Sanskrit "Das Wort, das errettet"

Gayatri Mantram

Buhr buvah suvahar
Dat savitur varenyam
Bargo devasya demahi
Diyo yo nah prachodayat

(Inhaltlich geht es um die Anrufung der sieben Lichtsphären.)

Während dieser Harmonisierung kann das Wesen ein Kribbeln oder unterschiedliche Wärmegrade wahrnehmen. Dadurch fühlen sich manche Geschöpfe verwirrt und neigen dazu, sich abzudrehen oder aufzustehen. Reden Sie beruhigend auf das Tier ein und setzen Sie die "Auramassage" fort, sobald es wieder still hält. Selbstverständlich zwingen Sie kein Tier dazu.

Wenn es sich wehrt, üben Sie die geistige Methode aus. Solch eine Auraglättung kann eine halbe Minute oder viel länger ausgeübt werden. Sie fühlen selbst, ob das Tier die "Massage" noch braucht, ob die Auralöcher inzwischen geschlossen sind und es sich wohler fühlt als vor der Harmonisierung.

Die geistige Methode eine Aura zu glätten

Sie setzen sich selbst mit der kosmischen Allmacht in Verbindung, indem Sie wunderbares, weiches, allliebendes, allfühlendes, allhörendes, allsehendes, allweises Licht durch sich strömen lassen. Wieder gilt der Merksatz: "Vorstellung führt zur Realität". Die Lichtenergien selbst sind so intelligent, dass sie fühlen und wissen, welche Art von Lichtfrequenz, welche Farbe wir Aurabehandelnden gerade benötigen, um diese Auraübung so effektiv wie möglich ausführen zu können. Machen Sie sich also keine Sorgen um die Qualität des Lichtes, das Sie durchflutet. Besser als diese weisen Lichtenergien es tun, können Sie als Mensch nicht wirken. Im Gegenteil!

Stellen Sie sich vor, dass Sie dieses oben erwähnte allliebende Licht ganz langsam und zärtlich vom Scheitel an durchläuft. Es fließt durch Ihren Kopf, langsam in die Schultern, allmählich die Arme hinunter bis zu den Fingerspitzen, erfüllt Ihren Oberkörper, strömt behutsam durch Ihren Unterleib, gleitet machtvoll und dennoch vorsichtig die Oberschenkel und danach die Unterschenkel hinunter bis zu den Zehen. Aus den Fußsohlen tritt das göttliche Licht wieder heraus, fließt von außen Ihre Beine hoch, Ihren Leib entlang, strömt außen um die Arme herum, den Hals entlang und schließt den Kopf mit ein. So sind Sie inwendig und auswendig von wunderbaren, heilsamen Lichtenergien umgeben.

Eine solche sehr einfache Übung sollten wir alle grundsätzlich ausführen, bevor wir mit einem Tier in jedweder Form arbeiten. Erstens reinigt sie unsere eigene Aura und zweitens ist somit eher gewährleistet, dass nicht wir, die fehlerhaften Menschen agieren, sondern dass kosmische intelligente und sehr weise Kräfte uns zum Wohle des Tieres lenken und leiten. Zeitaufwendig muss diese "Lichtmeditation" nicht sein. Haben Sie sie ein paar Mal ausgeführt, stellen Sie sich in Sekundenschnelle vor, eine von außen und innen wandelnde mächtige, allweise Liebeslichtsäule zu sein, die im Dienste der Tiere wirkt.

Nun schauen Sie sich die Basisaura des Geschöpfes an und entdecken eventuell gewisse trübe Stellen oder Dellen bzw. gar Löcher. Sie visualisieren weißes Licht und bitten die Sie umgebenden Lichtenergien es an die entsprechenden Stellen in den Äther - und in den Emotionalkörper des Tieres zu senden. Sie werden staunen, wie sich die Aura des Tieres erhellt, wie sie aufleuchtet, wie schnell sich Dellen und Löcher schließen, und welche Farben diese zu schließenden Stellen erhalten. Natürlich schauen Sie sich dabei die Basisaura an. Neben der medizinischen Betreuung eines kranken Wesens sollte diese Übung mindestens einmal täglich ausgeführt werden, um die Heilung zu beschleunigen und zu unterstützen.

Spüren Sie, dass das Tier sich dagegen wehrt, beherrschen Sie die Methode nicht. Es kann sein, dass das Tier das vom Kosmos durch Sie geleitete Licht nicht annimmt. Dafür gibt es verschiedene Gründe, die tierkommunikatorischer Art geklärt werden sollten. In diesem Fall profitieren Sie selbst davon und erhalten das kosmische Licht zurück. Manche Teilnehmer meiner Auraworkshops berichteten, dass das Tier sich generell gegen die geistige Arbeit des sie Ausübenden wehrt. Im weiteren mentalen Dialog bekam ich heraus, dass diese Menschen immer wieder oder zwischendurch statt des kosmischen Lichts ihre eigenen Energien sandten. Ein unangenehmer Anfängerfehler, weil diese Teilnehmer sich sinnlos erschöpften und sie die eigene manchmal verbrauchte "schlechte" Energie dem armen, hilflosen Tier zuführen wollten. Klar, dass die Tiere sich innerlich wehrten.

Ein bisschen Übung ist angebracht, bevor man sich dem Tier zuwendet! Üben Sie vorzugsweise mit einem Menschen, der sich wehren kann und Ihnen berichtet, wie er sich während Ihrer Lichtarbeit fühlt. Das ist besonders dann sehr wichtig und zunächst zu beachten, wenn Sie mental noch nicht gut mit dem Tier kommunizieren können. Es ist erstaunlich, was menschliche Probanden während dieser Behandlungen zu berichten haben. Manchen gehen Lichtkaskaden auf. Sie fühlen sich in tiefe spirituelle Gefilde enthoben, andere plagen Übelkeit, Angstgefühle und Bauchschmerzen, je nachdem, wie Sie als Behandler leben, was Sie ausstrahlen, was Sie denken und fühlen und wie stark Sie es denken und fühlen. Es handelt sich um eine Übungssache, die Sie individuell für sich selbst erfahren müssen.

Die Dauer der Übung hängt natürlich auch davon ab, wie Sie und was Sie fühlen und sehen. Mir wird sehr deutlich gezeigt, wann die Übung zu Ende ist, nämlich dann, wenn die "kranken" Stellen nicht mehr extrem auffallen bzw. auch zuweilen leuchten und die Farbe sich qualitätsmäßig der übrigen Basisaura angeglichen hat. Normalerweise „leuchten" kranke Stellen nicht, sondern wirken eher trübe und kalt. Wenn wir jedoch mit Licht und Mantren arbeiten, kann es sein, dass sich die Stellen, die noch nicht genug behandelt wurden, aufleuchten, damit wir wissen, dass sie noch LEUCHTKRAFT, Licht benötigen. Das kann in ein paar Sekunden oder in ein paar Stunden geschehen sein, je nachdem, wie sehr das Tier diese Auralichtbehandlung benötigt. Manchmal sehe ich als Medium kreisrunde Lichter, Scheinwerfern gleich, die in einer bestimmten Farbe auf die erkrankte Stelle des Tierkörpers gerichtet werden, die irgendwann erlöschen, was als Zeichen dafür steht, dass meine Arbeit in diesem Fall beendet ist. Einigen Teilnehmern meiner Workshops ergeht es ebenso.

Natürlich muss das Tier nicht wirklich körperlich anwesend sein. Es kann! Auch über die Ferne per Visualisierung ist die geistige Auraglättung - und Harmonisierung möglich.

Natürlich könnte jemand auswendig lernen, welche Farben und deren Schwingungspotenziale welcher Krankheit zuzuordnen sind und bewusst selbständig die Farbe bestimmen, von der er glaubt, dass sie harmonisiert, also auch heilt. Farbtherapie wurde besonders in England vor dem zweiten Weltkrieg noch sehr ernst genommen, bevor man in schulmedizinische Hörigkeit verfiel. Erst jetzt arbeiten wieder viele Ärzte erfolgreich mit Farben. Eine umfassende systemische Farbtherapie wurde von dem Inder, einem Forscher und Arzt, Dinshah P.Ghadiali entwickelt, der 1966 starb. Er entwickelte den "Spektro-Chrom-Farbkreis", der zwölf verschiedene therapeutische Farben umfasst, die auf den physiologischen Primärfarben basieren, welche der Rezeptorverteilung der Netzhaut entsprechen, nämlich Rot, Violett und Grün. Rotes Licht soll bei Rheuma, Kreislaufproblemen und Muskelverspannungen helfen. Gelbes Licht tritt bei Darmlähmungen, Depressionen, Fruchtbarkeitsstörungen sowie Blasen- und Niereninsuffizienz in Aktion. Oranges Licht kommt zum Einsatz, wenn zum Beispiel eine Katze an Verdauungsstörungen leidet. Grünes Licht verspricht Hilfe bei chronischen Muskelentzündungen und Hautekzemen. Blaues Licht hilft angeblich bei der Heilung von Furunkeln und Abszessen und vertreibt Fieber, so habe ich gehört. Violettes Licht würde die Abwehrkräfte mobilisieren und die Behandlung von Infektionskrankheiten unterstützen.

Peter Mandel, ein weltweit anerkannter deutscher Heilpraktiker, arbeitet effizient nach einem ausgeklügelten System, indem er bestimmte Körperstellen mittels Farbpunktur minutenlang anstrahlt. So sendet er die Photonenenergie des farbigen Lichts zu den erkrankten Stellen. Das mag richtig sein, dennoch bin ich überzeugt, dass die uns umgebenden kosmischen Lichtenergien deutlicher in die Tiefe, in die Psyche und die eventuell unbewältigte Vergangenheit der Tiere schauen als wir Menschen, und dass sie Farbschwingungspotenziale wählen, um Linderung oder Heilung zu verschaffen, die uns nicht einfallen würden. Oranges Licht lindert Verdauungsprobleme. Aber warum leidet das Tier darunter? Zeigt es vielleicht auch Depressionen auf? Müsste ich nun Blau wählen? Und woher wiederum stammen diese Depressionen? Wie lange sollte ich denn nun die Stellen anstrahlen? Ich bin ohnehin keine Tierheilpraktikerin oder Tierärztin und ich bin gewiss, dass auch diese nicht immer wissen können, welche Farbe, wie lange auf welche Stelle geleitet werden sollte, denn sie sind nur Menschen, es sei denn sie betätigen sich spirituell während ihrer geistigen oder materiellen Arbeit als Kanal für höhere weiter entwickeltere Energien.

Ich habe die Erfahrung gemacht, dass eine Harmonisierung der gestörten Stellen oder des gestörten Tieres viel einfacher und schneller vonstatten geht, wenn ich es ganzheitlich den kosmischen Lichtenergien anvertraue, diese bitte, die Aura zu glätten und mit Farben zu füllen, die sie für richtig halten. Ich fungiere dabei "nur" als Kanal.

Und noch einmal zur Erinnerung: Tiere schreien selten, wenn sie Schmerzen leiden, anders als Menschen, manche schreien nie oder können auch keine Tränen verlieren, weil sie keine Tränenkanäle besitzen. Wenn Ihr Tier an einer ernsthaften Krankheit leidet, behandeln Sie es nicht selbst alleine, weder geistig noch materiell und versuchen Sie auf keinen Fall, auf medizinische Hilfe zu verzichten. Selbstverständlich gibt es immer wieder Spontanheilungen, wenn man entsprechend geistvoll wirkt und arbeitet.

In der Regel sollten diese geistigen Übungen jedoch medizinische Maßnahmen unterstützen.

Das Sehen der Aura Ihres Tieres

Möglicherweise haben Sie durch das Lesen dieser Ausführungen zur tierlichen Aura und der damit verbundenen zunehmenden Sensibilisierung dafür bereits sichtvolle Auraerlebnisse gehabt? Vielleicht ganz kurze und zarte, die aufgrund mangelnder Übung wieder erloschen?

Eventuell sahen Sie einen Schein während des Erfühlens der tierlichen Aura oder während der Glättung und Harmonisierung?

Bei hellsehenden Menschen wird die Zuordnung der Aurafarben zu den dominierenden emotionalen und charakterlichen Kräften durch diese Fähigkeit (Einfühlung) erleichtert. Fast immer ist die Fähigkeit der Empathie gleichzeitig während der Aurasichtigkeit vorhanden.

Um die Ätheraura zu erkennen, ist kein besonderes spirituelles Training notwendig. Jeder Mensch kann sie schnell sehen lernen oder sie erfühlen. Etwas schwieriger wird es, wenn Sie die farbenprächtige Emotionalaura erkennen möchten.

Denjenigen Lesern, die ohnehin spirituell orientiert leben, gelingt es fast ad hoc zumindest einen Schein um den Kopf eines Tieres zu sehen. Wahrscheinlich ist Ihnen beim Lesen und während der zunehmenden Sensibilisierung für das Thema bereits die helle Strahlung Ihrer Finger aufgefallen. Bei anderen dauert es ein wenig länger, aber spätestens nach dem Lesen und Praktizieren der Übungen erkennen Sie den Ätherkörper zumindest als schwachen Schein. Ich glaube, es handelt sich dabei, genau wie bei der Tierkommunikation, um eine ganz normale und natürliche Fähigkeit, die wir alle immanent in uns tragen, die wir jedoch teilweise aufgrund unserer sozialen und kulturellen Indoktrinierung verdrängt haben.

In meinen Auraworkshops erlebte ich bis jetzt noch niemanden, der nicht am Ende des Kurses eine Aura gesehen hätte, - zumindest den deutlichen Ätherkörper. Denn dieser dampft und leuchtet im gesunden Zustand eines Tieres stärker, wenn auch viel weniger farbenreich als der Emotionalkörper. Wir müssen lediglich den kognitiven Teil unseres Gehirns ausschalten, dürfen entspannen und abschalten und einfach annehmen, was visuell auf uns zukommt.

Je mehr Sie, lieber Leser, sich darin üben, umso deutlicher und leuchtender erkennen Sie die tierliche Aura. Mit zunehmender Übung sehen Sie unterschiedliche Auraschichten, Auraformen, Konsistenzen und die Chakren, sofern Sie sich darauf konzentrieren.

Gefühle, Schmerz, Liebe, Leid und gesundheitliche Störungen verändern die Aura, wie ich erwähnte, und geben dem, der sie zu "lesen" versteht, wichtige Aufschlüsse über den gesamten Zustand des Tieres.

Die Aura eines gesunden Tieres im „normalen" Emotionalzustand ist für Ungeübte leichter zu sehen als die Menschenaura, denn sie leuchtet strahlender und weiter, weil Tiere charakterlich sauberer sind und ihre Emotionen deutlicher zeigen. Deshalb sollten Sie als Anfänger versuchen, zunächst die Aureole eines vitalen und gesunden Tieres zu erkennen.

Die Geschwindigkeit der Schwingung bestimmt den erzeugten Farbeindruck. Rot befindet sich am unteren Ende des Farbspektrums und gehört zu den langsamen Wellenlängen, Orange, Gelb und Grün gehören zu den kürzeren Wellenlängen und sind daher leichter als Aura zu erkennen. Blau und Violett schwingen am schnellsten und sind deshalb sehr schwer für menschliche Linsen auszumachen, zu dem sich diese Farben zumeist im Emotionalkörper zeigen, den die Fortgeschrittenen sehen lernen. Der Ätherkörper zeigt sich im allgemeinen leuchtender als der Emotionalkörper.

Die Schattierungen entstehen durch deren differenzierte Helligkeits- und Sättigungsgrade, die hier nicht alle aufgezählt werden aufgrund mangelnden Vokabulars, die jedoch sehr ähnliche Wirkungen und Bedeutungen beinhalten.

Manche Leute behaupten, sie könnten die weibliche Aura leichter sehen als die männliche, weil Frauen emotionaler seien. So scheint es auch um Tiere zu stehen. Frauen und Tiere scheinen im allgemeinen empathischer als Männer zu fühlen. Frauen suchen viel häufiger die Nähe von Tieren als Männer, weil sie sich von ihnen verstanden fühlen und wiederum auch die Tiere ihnen deutlicher in vielen Fällen Vertrauen schenken als sie es Männern gegenüber zulassen. Natürlich nimmt die Aura von Frauen und die von Tieren gegenseitig unbewusst ad hoc wahr, dass sie zueinander gehören und sich emotional verstehen könnten. Männer, oft so emotional blockierte Wesen, erschreckt die ehrliche und eindeutige Gefühlssprache der Tiere, die sie selten erwidern wollen oder können oder sie nehmen sie überhaupt nicht wahr. Natürlich bestätigen Ausnahmen wie immer die Regel.

Ich meine, dass Anfänger erst einmal die Aura von Tieren oder auch Pflanzen sehen lernen sollten, als die von Menschen , denn auch die weibliche Aura ist immerhin menschlich und damit ein wenig stumpfer und trüber, einen Hauch matter und somit nicht so deutlich zu erkennen wie eine gesunde Tieraura. Aber natürlich können Sie auch anhand einer menschlichen Aura zunächst üben.

Es gibt verschiedene Methoden:

Nehmen Sie sich eine dunkle Unterlage und legen Sie Ihre Hand gespreizt darauf. Nun fixieren Sie einen Punkt links oder rechts neben ihrer Hand und schauen diesen mit magischem Blick an, das heißt völlig locker und entspannt, so als seien Sie recht müde. Das können Sie auch mit Ihren Füßen anstellen oder Sie legen Ihre Katze, sofern sie es möchte, auf eine dunkle Unterlage. Warten Sie ruhig ab. Nach einiger Zeit erscheint um die Hand oder um die Katze herum, oder welches Tier auch immer Sie nehmen, eine helle Strahlung.

Üben Sie weiter und entdecken Sie, dass die Strahlung Farbe bekommt. Viele Menschen berichten mir in Workshops, dass sie die Aura Ihrer Katze bereits gesehen hätten, was ihnen nicht deutlich bewusst war. Vielleicht ist es Ihnen auch so ergangen? Sie sitzen und meditieren oder sitzen einfach entspannt, neben sich oder vor sich die Katze. In dem Moment, in dem sie aufsteht und läuft, bleibt für Sekunden die Aura der Katze noch liegen, dann sieht man den Ätherleib hinter ihr herziehen. Es handelt sich meist um einen hellblauen oder einen grauweißlichen Lichtkörper, den die Übenden wahrnehmen. Um Ihre Füße oder Ihre Hand werden Sie zunächst auch einen ähnlichen, etwas nebligen Umriss sehen.

Achten Sie einmal darauf: Wenn Sie ein spirituelles Buch lesen und vom Inhalt ergriffen sind, auf die Buchstaben starren, nicht auf die Hände, die das Buch halten, werden Sie feststellen, dass Ihre Fingerspitzen plötzlich hell, vielleicht gelblich, weißlich, nebelig, hellbläulich (Ätherkörper) oder bläulich-violett (Emotionalkörper) anfangen zu glänzen, genauso wie Ihre Tiere ihre Aureole verändern, wenn Sie ihnen etwas aus dem Buch vorlesen. Die Bedeutung eines Textes nehmen diese natürlich extensiv und telepathisch wahr.

Eine andere Übung mit einem hellen Hintergrund: Sitzen Sie mit anderen Menschen in Seminarräumen zum Beispiel vor hellen, meist recht kahlen Wänden, dann schauen Sie auf die Wand hinter diesen Menschen oder neben diese, wieder ganz entspannt und vielleicht sogar gelangweilt, was der Übung mehr Würze verleiht und den Erfolg schneller sichtbar macht. Bald werden Sie um diese Leute herum eine Strahlung feststellen. Am Anfang sieht es so aus als würde Nebel ihren Köpfen und ihrer Schulter entweichen, dann stellen Sie Farben fest, zunächst ganz zart und mit zunehmender Übung wesentlich stärker, leuchtender und deutlicher. Wenn Sie diesen Effekt das erste Mal wahrnehmen, laufen Sie Gefahr, schnell wieder auf den Menschen zu schauen und Ihren visuellen Brennpunkt aus den Augen zu verlieren. Bleiben Sie also beharrlich beim Fixieren des Hintergrundes, sonst verschwindet das Erlebnis, eine Aura zu sehen sehr schnell.

Natürlich können Sie auch ein Tier vor eine helle einfarbige Wand stellen oder setzen, meistens allerdings halten Tiere nicht so still wie erwachsene Menschen. Wir wollen kein Tier ärgern! Tiere sehen immer die Aura der anderen Wesen, insofern ist es ihnen unklar, warum wir Menschen sie vor eine weiße Wand stellen müssen, um mit ihnen zu üben und ihre Aureole zu erkennen. Wenn Sie keinen Menschen zur Verfügung haben, der das Spielchen mitmacht, könnten Sie auch eine Pflanze als Testobjekt nehmen.

Stellen Sie diese Pflanze bitte ca. 50 cm vor eine helle Wand, entfernen Sie sich ca. zwei bis drei Meter davon und konzentrieren Sie sich zuerst, wie gewohnt, mit magischem Blick auf einen Brennpunkt neben der Pflanze. Das Ergebnis ist klar, Sie sehen die Pflanze strahlen und leben. Nehmen Sie keine abgepflückten, sterbenden Blumen als Anfänger, denn die Todesaura einer im Sterbeprozess begriffenen Blume ist heller, gräulicher und schwerer zu erkennen. Andererseits erfassen Sie in diesem Fall die Perversion unserer Kultur, diese leidenden Geschöpfe als Dekoration in unsere Wohnungen oder Büros zu stellen. Jeder Aurasichtige hält sich frische Blumen in Töpfen mit Wurzeln, um nicht nur deren äußere Farben zu sehen, sondern sich auch an den frischen, brillanten Gloriolen zu erfreuen.

Dann üben Sie bitte mit erhöhtem Schwierigkeitsgrad mit magischem Blick durch die Pflanze hindurch zu sehen. Lernen Sie es, nicht in den normalen Fokus zurückzufallen, das heißt nicht die Pflanze an sich zu betrachten, sondern bleiben Sie standhaft dabei durch sie hindurchzuschauen. Wenn Sie das begriffen haben, sehen Sie auch schon bald den Emotionalkörper mit seinen vielen herrlichen Farbschattierungen. Bei manchen Leuten dauert es Minuten, bei den meisten jedoch einige Tage bis Wochen Übung, bis sie mühelos den farbigen Emotionalkörper ausmachen. Jedoch allein den Ätherkörper, gräulich-silbern, hellbläulich oder bläulich (S. Tafel 1a "Hundemischling"), hellgeblich oder gelblich zu erkennen, motiviert viele sehr, weiter diszipliniert bei allen möglichen Gelegenheiten zu üben.

Wichtig ist die richtige Lichtquelle zum Üben zu verwenden. Starkes Sonnenlicht erstickt die zarte Aura. Günstig wirkt sich gemütliches, warmes, etwas gedämpftes Kunstlicht aus, das das Testgeschöpf nicht direkt anstrahlt. Üben Sie mit Menschen, so lassen Sie den Testmenschen vor der Übung entspannen und ruhig mehrmals - ein und ausatmen, denn dadurch wirkt seine Aura vitaler und voller und ist deutlicher sichtbar. Die menschliche Basisaura bleibt natürlich stabil, jedoch ändert sich die Emotionalaura häufig im Gegensatz zur tierlichen Aureole, die sich in diesem Fall besser eignet, den Emotionalkörper in Ruhe zu betrachten. Wenn Sie bereits so weit fortgeschritten sind, dass Sie den Emotionalkörper erkennen, wenn auch nur schwach, brauchen Sie keine helle Wand mehr als Fokus und können sich nun endlich der Aura Ihres Tieres in Ruhe widmen ungeachtet dessen, wo es liegen oder stehen möchte.

Als weitere Fortgeschrittenen-Übung betrachten Sie zwei Tiere, die eng nebeneinander liegen. Achten Sie auf die Wechselwirkung zwischen beiden Auren. Es ist nicht unbedingt so, dass sich die Farben vermischen, sondern oft werden Sie gewahr, dass das eine Tier die Farben des anderen übernimmt. Ich erwähnte diese Tatsache bereits im Zuge der Heilung eines Tieres durch ein anderes. In diesem Fall muss jedoch eine Aura sehr blass und trüb gewesen sein und die zweite wurde bewusst oder unbewusst abgegeben. Bei sich liebenden, ähnlich starken Tieren übernimmt manchmal eines aus Sympathie die Emotionalaura des anderen, so dass beide von einer harmonischen Aureole umgeben sind, wobei die Basisaura beider Tiere stabil bleibt

(Siehe Tafel 3 "Zwei Hundemischlinge und Tafel 4 "Zwei Wellensittiche").

Ein anderes zu beobachtendes Phänomen: Die, die eine schwache Basisaura tragen, also charakterschwache, persönlichkeitsschwache Menschen, leiden oft unter Vampirismus, ohne dass es ihnen bewusst ist. Gegensätze ziehen sich bekanntlich an. So hängt sich gerne ein schwacher Mensch an einen starken in privater oder beruflicher Hinsicht. Der Stärkere ist aus Liebe oder aus Mitgefühl willig, dem Schwachen beizustehen, jedoch wird er, während er dem schwachen Menschen finanziell, emotional oder körperlich, wie auch immer hilft, energetisch ausgesogen. Nach ein paar Wochen oder Monaten sind genau die umgekehrten Auren zu erkennen, denn der Vampir hat sich der starken Aura bemächtigt und die ehemals starke Persönlichkeit leidet unter Krankheit und Schwäche.

Ein solcher Mensch kann nicht nur andere Menschenauren zur eigenen Stärkung missbrauchen, sondern auch die eines Tieres. Beobachten Sie gut und regelmäßig ihr Pferd, wenn Sie andere darauf reiten lassen oder auch zum Beispiel Ihren Hund, wenn andere Menschen mit ihm schmusen oder wie auch immer umgehen. Entfernen Sie am besten zum Wohle ihrer Tiere, Kinder und Ihrer eigenen Person vampirische Menschen aus Ihrem Umfeld oder schützen Sie sich davor mit bereits erwähnten Methoden.

Lassen Sie sich bitte nicht entmutigen, wenn Sie nicht sofort in der Lage sind, vielfarbige Emotionalauren auszumachen. Trainieren Sie Ihren Geist diszipliniert, langsam und stetig.

In einem Bodybuildingstudio fangen Sie auch langsam an und steigern Ihre körperlichen Kräfte durch Disziplin und Geduld. Ebenso, allerdings viel entspannter, verfahren Sie nun mit Ihrer geistigen und spirituellen Kraft. Nach und nach nehmen Sie die Auren Ihrer Tiere zunehmend stärker, farbenfroher und leuchtender wahr.

Übung macht den Meister!

Sie wünschen Kontakt zur Autorin?

Tel: 0201-710706

Fax: 0201-8715549

Email : info@tierkommunikatorin.de

Web: www.tierkommunikatorin.de

Bitte halten Sie Ihre Anfragen äußerst kurz.

Besuchen Sie Gudrun Weerasinghes Arthealing-Kunstgalerie: www.arthealing.de

Lesen Sie Interviews und Artikel über ihr Engagement als Tierkommunikatorin: www.tierkommunikatorin.de

Literatur

Grundlagen der Pranapsychologie, Choa Kok Sui, Hermann Bauer Verlag, 1989

Der göttliche Mensch, Joachim Gustafson, Bd.1, Grasmück, 2001

Reinkarnation, Ronald Zürrer, Sentient Press, 1989

Vegane Ernährung, Gill Langley, Echo Verlag, 1999

Ernährung für Mensch und Erde, Grundlagen einer neuen Ethik des Essens, Christian Opitz, Hans-Nietsch-Verlag, 1995

*Frieden ist möglich, Die Politik der Berg*predigt, Franz Alt , Serie Piper

Zeitbombe Viehwirtschaft, Folgen der Massentierhaltung für die Umwelt Eine ökologische Bilanz, Alan B. Durning und Holly B. Brough,Wochenschau Verlag, 1993, Worldwatch Paper, Band 4

Das Imperium der Rinder, Jeremy Rifkin, Campus Verlag, 1994

Ernährung für ein neues Jahrtausend, John Robbins, (Diet for a new America) ,Hans-Nietsch-Verlag, 1995

Ernährung für Mensch und Erde, Grundlagen einer neuen Ethik des Essens, Christian Opitz , Hans-Nietsch-Verlag, 1995, S. 191.

Informationen zur Jagd, Dag Frommhold, Initiative zur Abschaffung der Jagd, Kurt Eicher, Heilbronn

Animals Lament, The Prophet Denounces, The Word, Markheidenfeld, 1999

Der Lust-Töter, Initiative zur Abschaffung der Jagd, Kurt Eicher, Heilbronn

Die Kunst mit den Pferden zu sprechen, Fred Rai, Cormoran Verlag, 1999

Das Vermächtnis des Meisters - Paramahnasa Yogananda, O.W.Barth, Scherz Verlag, 1996

Licht vom Licht, Werner Trautwein, Patmos Verlag, 1976

Kostbare Erinnerungen an Sri Sathya Sai Baba, Diana Baskin, Sathya Sai Vereinigung Bonn, 1995

Die Farben Deiner Aura, Lea Sanders, Goldmann, 1989

Shirdi to Puttaparthi, Dr. R.T. Kakade, Ira Publications, 1993

Lichtbilder der Seele, Stanley Krippner, Goldmann 1973

Licht schenkt Leben Elke Brandmayer, Dr. med. Bodo Köhler, fit fürs Leben Verlag

Die Botschaft unserer Nahrung, Prof. Albert Popp, Zweitausendeins

Biophotonen – das Licht in unseren Zellen, Marco Bischof, Zweitausendeins

Electrodynamics of Living Systems, V. Adamenko, Journal of Paraphysics, 1970, Nr.4

Das vollendete Reich, Lillian de Waters, Wissenschaftlicher Verlag August Steu, Lindau

Die Wissenschaft der Himmelfahrt, Lillian de Waters, Wissenschaftlicher Verlag August Steu, Lindau

Der siebte Sinn der Tiere, Rupert Sheldrake, Ullstein, 2001

Die Lehren der Essener, Dr. Ed Bordeaux Szekely, Verlag Bruno Martin, 1979

Wendepunkte des Geisteslebens, Rudolf Steiner, Philosophisch Anthropologischer Verlag am Goetheanum, Dornach, Schweiz, 1927

Judentum – Islam, Bd. 1, Tworuschka, Monika und Udo, Patmos, Düsseldorf 1988.

Allah, wie ihn der Prophet Muhammed erläutert – Ahmed Hulusi, Kitsan Verlag, North Carolina, 1965

Die Lebensweise Jesu und der ersten Christen, Dr. C. A. Scriver, Lübeck-Travemünde 1973

Mit Tieren kommunizieren / Geschichte einer besonderen Begegnung, Gudrun Weerasinghe, Silberschnurverlag, 2000)

Sie finden alle unsere lieferbaren Bücher im Internet unter

www.reichel-verlag.de

Ich bin der Henley
Ein geretteter Hund erzählt sein Leben

von Henley Harrison West & Judith Kristen
120 Seiten, gebunden, mit Farbfotos
ISBN 978-3-926388-97-1   € 11,90

Der Engel an meiner Seite
Die wahre Geschichte eines Hundes, der einen Menschen
rettete... und eines Menschen, der einen Hund rettete

von Mike Lingenfelder & David Frei
200 Seiten, broschiert, 8 Fotos
ISBN 978-3-926388-95-4   € 18,50

Kleines Katzen Survival Kit
Erste Hilfe bei Alltagsdramen, Krankheiten,
Unfällen, Verhaltensstörungen

von Barbara Zierdt
140 Seiten, gebunden
ISBN 978-3-941435-00-1   € 17,90

Tiergeflüster
Tierbewußtsein im Netz des Lebens

von Dawn Baumann Brunke, aus dem Amerikanischen
256 Seiten, broschiert, 14,5 x 21,0 cm
ISBN 978-3-926388-67-4   € 18,50

Ich schlüpfe in Deine Haut
Reise in das Bewußtsein anderer Lebensformen

von Dawn Bauman-Brunke
272 Seiten, broschiert
ISBN 978-3-941435-02-5   € 18,50

G. Reichel Verlag - Reifenberg 85 - D 91365 Weilersbach - Tel. 09194 8900 - Fax 09194 4262
Internet: www.reichel-verlag.de   E-Mail: info@reichel-verlag.de

Tierisch gute Gespräche
Lerne mit Tieren zu sprechen - sie antworten Dir

von Amelia Kinkade, aus dem Amerikanischen
247 Seiten, gebunden, Fadenheftung, 14 x 20,5 cm
ISBN 978-3-926388-57-5   € 18,40

Tierisch gute Gespräche
Lerne mit Tieren zu sprechen - sie antworten Dir

von Amelia Kinkade, aus dem Amerikanischen
247 Seiten, broschiert
ISBN 978-3-9808707-2-6   14,00

Bruder Hengst und Schwester Katze
Faszinierendes Seelenleben der Tiere

von Hugh-Friedrich Lorenz
Hörbuch CD und Daten
ISBN 978-3-926388-92-6   € 17,90

Hörbuch auf 2 CDs

Tierkommunikation
Heilung und Therapien

von Penelope Smith
150 Minuten
ISBN 978-3-926388-93-3   € 21,90

Hörbuch auf 2 CDs

Tierkommunikation
Die Tierseele verstehen

von Penelope Smith
150 Minuten
ISBN 978-3-926388-93-3   € 21,90

G. Reichel Verlag - Reifenberg 85 - D 91365 Weilersbach - Tel. 09194 8900 - Fax 09194 4262
Internet: www.reichel-verlag.de   E-Mail: info@reichel-verlag.de

Gespräche mit Tieren

Praxisbuch Tierkommunikation

von Penelope Smith

200 Seiten, gebunden

ISBN 978-3-926388-69-8 € 18,50

Tiere als sprechende Gefährten

Tierkommunikation für Erwachsene

von Penelope Smith

344 Seiten, gebunden,

ISBN 978-3-926388-70-4 € 18,50

Tiere erzählen vom Tod

Wie Tiere ihr Sterben erleben und den Weg ins Licht finden

von Penelope Smith

200 Seiten, gebunden
ISBN 978-3-926388-76-6 € 18,50

Hörbuch auf CD
Gespräche mit Delfinen

von Penelope Smith
79 Minuten
ISBN 978-3-9808707-1-1 € 18,00

Hörbuch auf 2 CDs
Grundkurs Tierkommunikation

Mit Tieren sprechen: So geht´s

von Penelope Smith
150 Minuten
ISBN 978-3-939152-02-6 € 21,90

G. Reichel Verlag - Reifenberg 85 - D 91365 Weilersbach - Tel. 09194 8900 - Fax 09194 4262
Internet: www.reichel-verlag.de   E-Mail: info@reichel-verlag.de

Ohne Worte
Mit Tieren und Natur sprechen

von Marta Williams
195 Seiten, gebunden, Fadenheftung, 15 x 21,5 cm
ISBN 978-3-926388-80-3   € 18,50

Lautlose Sprache
Intuitive Kommunikation mit Tieren und Natur

von Marta Williams
306 Seiten, gebunden
ISBN 978-3-926388-73-5   € 18,50

Frag dein Tier
Entdecke das Wunder, mit Tieren zu sprechen

von Marta Williams
220 Seiten, gebunden, viele Fotos
ISBN 978-3-926388-98-8   € 18,50

Hund, Katze, Maus
Ein Tier-Sprachkurs für Kinder von 7-14 Jahren

von Marta Williams
68 Seiten, 18 Farbfotos, geb. 18,7 x 19,7 cm
ISBN 978-3-926388-85-8   € 13,30

Tierisch gute Sprüche
mit 65 Farbfotos

von Heidgund Leithe und Katrin Weber
144 Seiten
ISBN 978-3-9808707-0-2   € 12,50

G. Reichel Verlag - Reifenberg 85 - D 91365 Weilersbach - Tel. 09194 8900 - Fax 09194 4262
Internet: www.reichel-verlag.de   E-Mail: info@reichel-verlag.de

Kartenlegen für Tiere
mit den Lenormand-Karten

von Karin Clemens
120 Seiten, gebunden, mit 36 Farbillustrationen
ISBN 978-3-926388-88-9 € 13,50

Heilbuch der Schamanen
mit Trommel CD

von Felix R. Paturi
272 Seiten, gebunden, mit vielen Abbildungen
ISBN 978-3-926388-72-8 € 29,90

Indianische Heilpflanzen
Mit heimischen und exotischen Pflanzen nach indianischen
Heiltraditionen Krankheiten vorbeugen und behandeln

von Felix R. Paturi
168 Seiten, gebunden, illustriert
ISBN 978-3-926388-86-5 € 19,90

Massage für Katzen
und für Herrchen und Frauchen

von Claire & Christian Gaudin
48 Seiten, gebunden, durchgehend farbig
ISBN 978-3-926388-90-2 € 12,95

Survivaltricks von Katzen
und für Herrchen und Frauchen

von Claire & Christian Gaudin
48 Seiten, gebunden, durchgehend farbig
ISBN 978-3-926388-90-2 € 12,95

G. Reichel Verlag - Reifenberg 85 - D 91365 Weilersbach - Tel. 09194 8900 - Fax 09194 4262
Internet: www.reichel-verlag.de   E-Mail: info@reichel-verlag.de